Das

sächsische Artilleriekorps

Die Regimentsartillerie

1806 - 1815

Jörg Titze

Heft 7

Abb.01   leichter 4-Pfünder in Schußstellung (Möbius II)

Das

sächsische Artilleriekorps

Die Regimentsartillerie

1806 -1815

Bibliographische Information der Deutschen Biliothek

Die Deutsche Bibliothek verzeichnet diese Publikation in der Deutschen Nationalbibliographie; detaillierte bibliographische Daten sind im Internet über http://dnb.ddb.de abrufbar.

Die Deutsche Bibliothek – CIP – Einheitsaufnahme

Jörg Titze

Das sächsische Artilleriekorps: Die Regimentsartillerie 1806 – 1815

ISBN 978-3-7460-1664-1

Herstellung und Verlag:

Books on Demand GmbH, Norderstedt, 2017

Inhaltsverzeichnis

1.   Einleitung

Mit der Reorganisation der Artillerie im Jahre 1766 ging auch eine Neubeschaffung von Artilleriematerial einher. An Feldgeschützen wurden neu hergestellt:

98 4pfd. Regimentsstücke (88 Stck. für 44 Bataillons und 10 Stck. Reserve)

12 schwere 12 pfd. Kanonen

 6 leichte 12pfd. Kanonen

 6 schwere 8pfd. Kanonen

10 leichte 8pfd. Kanonen

 6 16pfd. Haubitzen

25 8pfd. Haubitzen

Die Regimentstücke sollten nach der damaligen Doktrin die Flügel der Infanterie-Regimenter und Grenadier-Bataillone stärken. Die sächsische Regimentsartillerie unterschied sich von den meisten Regimentsartillerien dieser Zeit in zwei Dingen:

a) die Geschütze wurden nicht durch artilleristisch ausgebildete Infanteristen sondern durch richtige Artilleristen bedient, die vom Artilleriekorps detachiert wurden und

b) die Ladeeinrichtung der Kanonen (basierend auf der Erfindung der Generals Obenaus von 1734), die ein Geschwindfeuer ohne die Nutzung des Ansetzers erlaubte

Da die Bedienung der Regimentsartillerie durch das Artilleriekorps erfolgte, wird im Heft nicht auf die allgemeine Organisation und Uniformierung eingegangen. Hier möchte ich für den Zeitraum 1806 – 1810 auf die Hefte 9 und 10 sowie für den Zeitraum 1810 – 1813 auf die Hefte 5 und 6 dieser Reihe verweisen.

Glücklicherweise haben sich an 3 Orten in Russland (St. Petersburg, Moskau und Borodino) Originalstücke auffinden lassen, ohne die der Inhalt dieses Heftes sonst ein sehr theoretischer und facettenärmerer geworden wäre.

Ohne die Unterstützung unserer russischen Freunde wäre trotz Kenntnis der Lage dieser Originale eine direkte Inaugenscheinnahme und/oder ein Vermessen nicht möglich gewesen.

Mein herzlichster Dank gilt daher den Herren Wassili Rudolfowitsch Novoselov (Staatl. Kulturhistorisches Museum des Moskauer Kremls), Konstantin Georgiewitsch Igoschin (Staatl. Historisches Museum Moskau), Frau Svetlana Wassilievna Uspenskaja und Oberst a.D. Alexander Nikolaewitsch Kaigorotzev (Artilleriemuseum St. Petersburg) und Sergej Nasarowitsch Chomtschenko (Staatl. Schlachtfeldmuseum Borodino) für deren freundliches Entgegenkommen, die überwältigende Hilfsbereitschaft und gelebte Völkerverständigung.

К счастью, оригинальные стволи саксонских орудя были сохранены в трех местах в России (Санкт-Петербург, Москва и Бородино), без которых содержание этой книги стало бы очень теоретическим и многогранным.

Без поддержки наших российских друзей не съемки не измерения этих предметов было бы невозможным. Поэтому я хотел бы выразить мою искреннюю благодарность господам Василию Рудольфовичу Новоселову (Государственный историко - культурный музей-заповедник "Московский Кремль"), Константину Георгиевичу Игощину (Государственный исторический музей, Москва), госпоже Светлане Васильевне Успенской и Александру Николаевичу Кайгородцеву (Военно-исторический музей артиллерии, инженерных войск и войск связи, Санкт-Петербург) и Сергею Назаровичу Хомченко (Государственный Бородинский военно-исторический музей-заповедник) за их дружеский прием, огромную готовность оказать помощь и за живую международную дружбу.

Für die Abteilung Russland gilt mein besonderer Dank meinem Freund Alexander Steinbrecher, dessen Umtriebigkeit und Eloquenz wie immer die richtigen Leute identifiziert und dann deren Türen geöffnet hat.

Bedanken möchte ich mich auch beim Team des Hauptstaatsarchivs in Dresden für die – auch hier wie immer – problemlose Bereitstellung der Akten zur Einsichtnahme und Vervielfältigung.

Natürlich möchte ich mich auch bei Ihnen, verehrter Leser, dafür bedanken, dass Sie sich zum Kauf dieses Buches entschlossen haben. Insofern Sie Anregungen und Kritiken haben oder mir einfach nur mitteilen wollen, ob Ihnen das Buch gefallen hat, so können Sie mich via email unter sachsen-titze@t-online.de erreichen.

Sprotta-Siedlung im Oktober 2017

Ihr   Jörg Titze

2. Quellenlage

2.1 Originalstücke

2.1.1 Rohre

Für Russland ist der Aufbewahrungsort von 9 Rohren bekannt:

Artilleriemuseum[1] St. Petersburg

Rohr 13

Kreml Moskau[2]

Rohre 26, 27, 28, 30, 35, 95 und 98

Schlachtfeldmuseum Borodino[3]

Rohr 37

2.1.2 Richtmaschinen

Artilleriemuseum St. Petersburg

Am Rohr 13 befindet sich interessanterweise ein Teil der Richt- und Lademaschine, die vor Ort fotografiert und vermessen werden konnte.

2.1.3 Lafetten und Protzen

Hier sind – Stand 2017 – keine Originale bekannt.

2.1.4 Munitions- und Requisitenwagen

Hier sind – Stand 2017 – keine Originale bekannt.

2.2 Bildliche Darstellung

2.2.1 Deutsche Fotothek

Die DF führt in ihrem Bestand zwei s/w Bilder, die Walter Möbius 1933 in der Arsenalsammlung Dresden aufgenommen hat. Diese beiden Bilder zeigen das Geschütz No. 16 komplett mit Rohr, Richtmaschine und Lafette (Lafette in der

---

[1] ГОСУДАРСТВЕННЫЙ ВОЕННО-ИСТОРИЧЕСКОГО МУЗЕЙ АРТИЛЛЕРИИ, ИНЖЕНЕРНЫХ ВОЙСК И ВОЙСК СВАЗИ / Das Rohr mit Richtmaschine liegt im Außenbereich mit mehreren anderen Rohren, hier in zweiter Reihe, vom Haupteingang kommend linker Hand.

[2] МОСКОВСКИЙ КРЕМЛЬ / Die Rohre liegen um das Arsenalgebäude (von der Troitski-Brücke kommend, linker Hand) und sind öffentlich nur zum Teil zugänglich.

[3] ГОСУДАРСТВЕННЫЙ БОРОДИНСКИЙ ВОЕННО-ИСТОРИЧЕСКИЙ МУЗЕЙ-ЗАПОВЕДНИК / Das Rohr liegt im Freigelände des alten Museums in der Nähe der Rajewski-Schanze, vom Haupteingang kommend linker Hand.

Adaption für den Feldzug von 1812) in zwei unterschiedlichen Ladepositionen (Rohr flach und Rohr aufrecht).

2.2.2 Rouvroy

Im Rouvroy von 1809 finden sich an Detailzeichnungen

4pfd. Regimentsstück

Munitions- und Requisitenwagen

Protze

2.2.3 Borodino Museum

Im Katalog zu den Beutegeschützen sind Detail-Abbildungen und –Angaben zum Rohr 37 enthalten.

2.3 Schriftquellen

2.3.1 Akten im Hauptstaatsarchiv Dresden

Bestand 11 269   Hauptzeughaus

Akten No. 581 (Gießen von Geschützen); No. Loc. 14590/1 (Hauptanschlag zur neuen Artillerie); No. 394 (Feldzug 1806); 395 (Feldzug 1807); 396 (Feldzug 1809); 397 (Feldzüge 1811 – 1816)

Bestand 11 289   Generalintendantur

Akte No. 180 (Bestand Hauptzeughaus)

Bestand 11 339   Generalstab

Akten No. 260 (Bewegungen der Armee 1806)

2.3.2 gedruckte Werke

An gedruckten Werke, in denen über die Regiments-Artillerie berichtet wird, sind folgende aufzuführen:

Cerrini	Feldzüge der Sachsen 1812 und 1813
Exner	Der Anteil der kgl. sächs. Armee am Feldzug gegen Rußland 1812
Herzog	Sieben Jahre Artillerist
Montbé	Die chursächsischen Truppen im Feldzug von 1806
Petrov	Beutegeschütze im Vaterländischen Krieg 1812
Titze	Die Berichte der sächsischen Truppen aus dem Feldzug 1806

3.   Organisation

3.1   Die grundsätzliche Organisation

Die vom Artilleriekorps zu stellende <u>Regimentsartillerie</u> bestand grundsätzlich für

<u>ein Regiment</u> (2 Musketier-Bataillone) in

Artillerie: 1 Subalternoffizier, 4 Unteroffizieren und 40 Kanonieren
Train   1 Schirrmeister, 17 Knechte, 35 Pferde
Material: 4 4-Pfünder, 4 Munitions- und Requisiten- 1 Inf.-Patronenwagen

<u>ein Bataillon</u> (Musketiere oder Grenadiere) in

Artillerie: 1 Subalternoffizier, 2 Unteroffizieren und 20 Kanonieren
Train   1 Schirrmeister; 9 Knechte, 19 Pferde
Material: 2 4-Pfünder, 4 Munitions- und Requisiten- 1 Inf.-Patronenwagen

Die Regimentskanonen und die Munitions- und Requisitenwagen wurden vierspännig gefahren. Der Regiments- bzw. Bataillons-Patronenwagen wurden bis 1809 zweispännig und ab 1810 vierspännig gefahren.

Sämtliches Personal gehörte dem Artilleriekorps an (bis 1810 Feldartilleriecorps; ab 1810 Regiment Artillerie zu Fuß / bis 1809 Artillerie-Fuhrwesen, ab 1810 (Artillerie-)Train-Bataillon)[4].

Das Material[5] (inkl. des Infanterie-Patronenwagens) gehörte in den Bestand des Hauptzeughauses.

3.2   Feldzug von 1806

Für den Feldzug von 1806 wurden für 9 Regimenter (zu je 2 Bataillons) und 7 Bataillone (6 Grenadier- und 1 Musketier-Bataillon) 50 Regimentsgeschütze aus den Beständen des Hauptzeughauses an die Truppe ausgegeben. Vier Stück wurden als Reservegeschütze dem Park beigegeben. Die zugehörigen 54 Munitions- und Requisiten-Wagen[6] wurden entsprechend verteilt.

---

[4] Die Kanoniere waren richtige Artilleristen und nicht – wie z.B. in Preußen – artilleristisch ausgebildete Infanteristen. Auch die Knechte und Schirrmeister waren Artillerie-Knechte bzw. später die Soldaten des Artillerie-Trains.

[5] Im Bestand des Hauptzeughauses befanden sich 1805 97 Stück 4pfd. Regimentskanonen, 1809 waren es noch 53 Stück. Die 44 Stück Differenz sind die Feldzug von 1806 verloren gegangenen Geschütze.

[6] In den Akten haben sich nur die Nummern dieser Wagen, nicht aber die der Geschütze auffinden lassen. Die Wagen wurden wie folgt verteilt: 1.Regiment (Churfürst) No. 5-8, 2.Regiment (Max) No. 9-12, 3.Regiment (Friedrich) 13-16, 4.Regiment (Xavier) 17-20, 5.Regiment (Clemens) No. 21-24, 6.Regiment (Rechten) No. 25-28, 7.Regiment (Niesemeuschel) No. 29-32, 8.Regiment (Low) No. 33-36, 9.Regiment (Thümmel) No. 37-40, 1.Btl. Bevilaqua No. 41+42, 1.Gren.-Btl. No. 43+44, 2.Gren.-Btl. No. 45+46, 3.Gren.-Btl. No. 47+48, 4.Gren.-Btl. No. 49+50, 5.Gren.-Btl. No. 51+52, 6.Gren.-Btl. No. 53+54, Park No. 1-4.

Die Mobilmachung der Regimentsgeschütze ging mit der der Batterien in größter Hast und der Sache wenig dienlich einher[7] [8].

Die Regimentsartillerie kam bei allen Aktionen der Infanterie-Regimenter bei Schleiz, Saalfeld und Jena zum Einsatz. Vier der die Regimentsgeschütze befehligenden 16 Offiziere[9], wurden am 14.10. in der Schlacht bei Jena verwundet[10].

Von den vom Hauptzeughaus ausgegebenen 54 Regimentskanonen wurden bis zum März 1807[11] nur 10 Stück[12], von den Munitions- und Requisitenwagen nur 4 Stück[13] wieder eingeliefert. Von diesen verloren gegangenen 44 Geschützen wurden die Rohre bei der Einnahme von Mainz im Jahr 1814 wieder aufgefunden[14] und nach Sachsen zurückgeführt[15].

Während des Feldzuges wurden temporäre Batterien aus den Regiments-geschützen[16] gebildet, die allerdings ständigen Veränderungen unterlagen.

---

[7] Aster: „Demzufolge brach den 23^{n} September die Grenadstück-Batterie unter Hauptmann v.Kotsch Befehl, nebst 10 Stück 4pfündigen Regimentsstücken zu nachstehenden 5 Bataillons auf, nämlich: 4 Stück unter Kommando des Leutnant Raaben /: nachheriger General :/ gingen zum Regiment Prinz Maximilian; 4 Stück unter Befehl des Leutnant von Bose zum Regiment Rechten und 2 Stück unter dem Leutnant Dietrich sen. zu dem Grenadier-Bataillon aus dem Winkel. Alle vorangeführten Geschütze nebst Bespannung, Munition und Fuhrwesen-Personal wurden erst unmittelbar vor dem Abmarsch beim Pulvermagazin D vor Friedrichstadt summarisch übernommen und diese Artillerie marschierte früh um 7 Uhr … ab." „Den 27^{n} September war Ruhetag, welcher sogleich zum ersten Exerzieren mit bespannter Batterie angewendet wurde. Das diese Übung mit lauter Leuten, welche noch kein Kommando verstanden und von einer Batteriebewegung noch garkeinen Begriff hatten, da es die Zeit nicht zuließ erst Geschütz- und Sektionsweise die Übungen zu veranstalten, nicht eben zum erfreulichsten ausfiel kann sich jeder vorstellen …"

[8] Hinsichtlich der Verwendung der Regimentsartillerie in diesem Feldzug verweise ich auf die in dieser Reihe erschienenen „Berichte der sächsischen Truppen aus dem Feldzug von 1806", die die Gefechtsberichte/Tagebücher der bei den Regimentern und Bataillonen eingeteilten Offiziere der Artillerie-Detachements enthalten. Diese Gefechtsberichte/Tagebücher werden hier bereits in Teilen zitiert.

[9] Siehe Anlage 8

[10] Sousltn. Zanthier (Low) Hiebe in den Kopf (†25.11.1806); Sousltn. Dietrich I (GB Winkel) Prellschuss am Fuß; Sousltn. Silber (GB Thilloaz) Schuß in die Brust; Stückj. Hanmann (GB Lecoq) Schuß in den Schenkel.

[11] Das Verzeichnis datiert vom 07.03.1807.

[12] Es haben sich ermitteln lassen die No. 2, 3, 4, 7, 8, 9 und 16.

[13] Es kann sich dabei um die 4 Wagen aus dem Park handeln, da die No. 1-4 im Jahre 1807 wieder ausgegeben wurden.

[14] Bericht des Majors v.Schreibershofen vom 17.05.1814 über die von den Franzosen in Mainz zurückgelassenen sächsischen Geschütze. Schreibershofen zählt 84 Geschütze auf. Davon befanden sich 2 schwere 12-Pfünder und 1 schwerer 8-Pfünder auf dem Paradeplatz sowie die Rohre von 2 schweren 12-Pfündern, 14 schweren 8-Pfündern, 44 leichten 4-Pfündern, 6 8pfd. Haubitzen und 15 4pfd. Granatstücken im Park.

[15] Der Zar genehmigte die Rückführung nach Sachsen am 01.06.1814.

[16] Aster: „Den 2^{n} Oktober … wurde ich durch den Hauptmann von Kotsch benachrichtigt, dass der preußische General Graf von Tauenzien, Befehlshaber der kombinierten preußischen und sächsischen Avantgarde, befohlen habe mich den 4^{n} Oktober bei ihm in Hof zu melden, um dort

3.3 Feldzug von 1807

Für den Feldzug von 1807 wurden zwar die Ausrüstungsentwürfe für die Mitgabe einer entsprechenden Regimentsartillerie ausgefertigt[17], letztendlich der Infanterie jedoch keine Regimentsgeschütze beigegeben.

Ende Mai 1807[18] wurde eine Batterie[19] von 4 Regimentskanonen und 2 8pfd. Haubitzen unter dem Kapitän Bonniot mobil gemacht und dem Grenzkordon gegen Schlesien zugeteilt. Ende August 1807 wurden die Geschütze und Wagen wieder im Hauptzeughaus abgeliefert.

3.4 Feldzug von 1809

Für den Feldzug von 1809 wurde keine Regimentsartillerie aufgestellt.

Für die in Sachsen verbleibenden Truppen wurden jedoch unterm 11.05.1809 drei 4pfd. Batterien – darunter 2 Batterien Regimentskanonen – ausgerüstet.

Die 1.[20]Batterie bestand aus 4 schweren 4-Pfündern und 2 4pfd. Granatstücken.

Die 2.[21] und die 3.[22]Batterie führten jeweils 6 4pfd.Regimentskanonen.

---

die 6 Stück 6pfündigen preußischen Regiments-Kanonen vom Regiment Zweiffel und vom Grenadier-Bataillon v.Herwarth zu übernehmen und eine Batterie daraus zu formieren." Weiterhin bestanden am 07.10. die Batterien Bose (I/Zweiffel, I/Rechten, I/Max) und Dietrich (Herwarth, Winkel, II/Rechten) sowie am 14.10. Bose (I+II/Zweiffel, I/Rechten).

[17] Die Ausrüstungsentwürfe sahen 20 Regimentskanonen (No. 65 – 84) vor. Hierzu kamen die Munitions- und Requisitenwagen No. 39 – 58.

[18] Der Ausrüstungsentwurf datiert vom 26.05.1807. Dem Kapitän Bonniot wurden am 28.05.1807 übergeben die 4pfd. Regimentsstücke No. 2, 7, 8 und 9 (nebst Stückladen und Protzen) sowie die 4pfd. Munitions- und Requisitenwagen No. 1, 2 3 und 4.

[19] Die Batterie bestand insgesamt aus 4 Regimentskanonen mit 4 Munitions- und Requisiten-wagen, 2 8pfd. Haubitzen (No. 3 u. 9) mit 4 8pfd. Grenadwagen (No. 5^a, 5^b, 7^a u. 7^b) u. 1 Decken- oder Requisitenwagen (No. 178). Die Besetzung bestand in 1 Capitain, 2 Leutnants, 6 Uffz., 1 Fourier, 1 Feldscher, 60 Kanoniers, 1 Tambour, 1 Wagenmeister, 2 Schirrmeistern, 2 Wagen-bauern, 32 Artillerie-Knechte und 67 Pferden.

[20] Die 1.Batterie bestand aus 4 schweren 4-Pfündern (No. 11, 12, 13, 20) mit , 4 Munitions- und Requisitenwagen (No. 1, 55, 56, 57), 2 4pfd. Granatstücken (No. 21, 22) mit 2 Granatwagen (No. 11, 12), 2 Deckenwagen (No. 143, 151) und 1 Fouragewagen (No. 12). An Personal kamen hierzu 1 Capitain, 2 Leutnants, 1 Sergeant, 1 Fourier, 1 Chirurg, 6 Uffz., 60 Kanoniers, 1 Tambour sowie 10 Kanoniere als Reserve.

[21] Die 2.Batterie bestand aus 6 Regimentskanonen (No. 3, 4, 9, 65, 91, 92), 6 Munitions- und Requisitenwagen (No. 58, 59, 60, 61, 62, 63), 1 Deckenwagen (No. 203) sowie 1 Fouragewagen (No. 16). An Personal kamen hierzu 2 Leutnants, 1 Sergeant, 1 Fourier, 1 Chirurg, 6 Uffz., 60 Kanoniers, 1 Tambour sowie 10 Kanoniere als Reserve.

[22] Die 3.Batterie bestand aus 6 Regimentskanonen (No. 16, 93, 94, 95, 96, 98), 6 Munitions- und Requisitenwagen (No. 64, 65, 66, 67, 68, ?), 1 Deckenwagen (No. 200) sowie 1 Fouragewagen (No. 14). An Personal kamen hierzu 2 Leutnants, 1 Sergeant, 1 Fourier, 1 Chirurg, 6 Uffz., 60 Kanoniers, 1 Tambour sowie 10 Kanoniere als Reserve.

3.5   Der Feldzug von 1812

Welche Umstände schlussendlich zur erneuten Aufstellung einer Regiments-artillerie bei der sächsischen Infanterie führten, lässt sich nicht mehr genau bestimmen. Es scheinen aber hauptsächlich a) die zu stellende Zahl an Geschützen und b) das französische Vorbild gewesen zu sein.

Der Feldzug von 1812 traf die sächsische Artillerie in der Umstellungsphase auf die Geschützmodelle M1810. Die 1811 in die Kantonierungsquartiere rückenden Artillerieeinheiten waren teilweise noch mit dem Geschütz M1766[23] ausgerüstet.

Mit einiger Anstrengung schaffte man es seitens der Hersteller und Ausrüster, die 6 Batterien (4 Fuß und 2 reitende) bis Januar 1812 mit dem neuen 6-Pfünder und der neuen 8pfd. Haubitze auszurüsten. Von den 12pfd. Geschützen waren bis dahin – außer dem Probestück – noch keine Rohre gegossen[24].

Die Mitgabe von Regimentskanonen war planmäßig erfolgt (sh. Anm. 23). Bereits 1809 hatten die Franzosen wieder angefangen, der Infanterie die 1803 genommenen Geschütze erneut beizugeben. Bei jedem 1.Bataillonen sollte eine Compagnie d'Artillerie regimentaire aufgestellt werden[25], in deren Bestand 2 Stück 3- oder 4-Pfünder kamen. Diese Kompanien wurden zwar bereits im April 1810 wieder aufgelöst, jedoch im Februar 1811 bei den 16 Regimentern des Observationskorps der Elbe wieder errichtet. Diese Kompanien erhielten nun 4 Stück 3- oder 4-Pfünder. Dieser Idee kam man sächsischerseits – ob nun aus eigenem Antrieb oder verordnet sei dahingestellt – für die noch fehlenden 20 Geschütze nach.

Bis Ende 1811 wurden in den Werkstätten des Hauptzeughauses
24 Stück[26] leichte 4-Pfünder,

  1 Stück leichte 4pfd. Vorratslafette und

27 Stück 4pfd. Munitions-und Requisitenwagen abgeändert, repariert, ergänzt und komplettiert sowie

24 Stück 4pfd. Munitionswagen aus alten 12pfd. Kugelwagen adaptiert.

---

[23] Gersdorff an Förstel (Intendant Hauptzeughaus) 27.04.1811: „ Ew. Hochwohlgeb. wollen nicht allein die 4 sechspfündigen Batterien neuen Geschützes, 2 achtpfündigen und 2 vierpfündigen Batterien des alten Geschützes, zu deren Fertigung und Herstellung sie bereits Befehl erhielten, dergestalt in Stand setzen lassen, daß sie unbedingt den 16ten May dies Jahres in marschfertigen Stande sich befinden, sondern auch nach beiliegenden Auswurf noch 18 vierpfündige Regiments-Canonen, und sämtliche Munitions- und Requisitenwagen zum Parc für 2 Divisionen … bis zum 1sten Juni a.c. herstellen lassen."

[24] Die 12-Pfünder-Rohre 2 – 7 wurden erst am 28.04..1812 von der Artilleriekommission abge-nommen, wobei Rohr No. 2 bemängelt und der Visierring nachgearbeitet werden musste.

[25] Dekret vom 09.06.1809

[26] Davon sind 20 Stück mit nach Russland genommen worden: 9 Stück Regimentsbatterie der I.Division, 9 Stück Regimentsbatterie der II.Division und 2 Stück im Park. Diese Verteilung lässt nicht unbedingt darauf schließen, dass die Geschützte als reine Regimentsgeschütze (= Geschütze in den Regimentern) gebraucht werden sollten.

Die letztendlich auf die Linien-Regimenter verteilten 20 Geschütze wurden anfänglich in zwei – so genannten – Regimentsbatterien vereinigt und in den Listen geführt.

Diese Regimentsbatterien bestanden aus[27]:

	1ste Batterie	2te Batterie
Artillerie		
Capitain 2.Kl.	1	1
Prem.ltn.	1	1
Sousltn.	3	3
Sergeanten	1	1
Feuerwerker	2	3
Fouriere	1	1
Chirurgen	1	1
Korporals	3	6
Tambours	1	1
Oberkanoniere	19	16
Unterkanoniere	94	93
Summe	127	127
Train		
Sergeanten	1	1
Korporals	6	6
Trainsoldaten	46	46
Summe	53	53
Pferde	99	99

Interessant bei der Listenführung ist dabei der Umstand, dass zwar ein Hauptpark, jedoch in den Divisionen keine Divisionsparks bestanden, sondern lediglich diese Regimentsbatterien geführt wurden. Die 1.Regimentsbatterie wurde von der 4ten und die 2.Regimentsbatterie von der 8ten Kompanie besetzt.

Im April 1812 erfolgte die Zuteilung zu den Regimentern, die damit folgendes Personal erhielten[28]:

Artillerie: 1 Offizier, 44 Unteroffiziere und Mannschaften

Train: 2 Unteroffiziere, 16 Mann und 34 Pferde

Die vorherigen Kommandeure der beiden Regimentsbatterien kommandierten nun die aufgestellten Reserveparks der Divisionen.

---

[27] Monatsliste des mobilen Teiles der Artillerie vom 31.03.1812 / Crossen.
[28] Monatsliste des mobilen Teiles der Artillerie vom 30.04.1812 / Radom.

Den Reservepark der I.Division (mit den Linienregimentern Friedrich, Clemens und Anton) kommandierte der Capt. Gau (4te Comp.).

Den Reservepark der II.Division (mit den Linienregimentern Niesemeuschel und König) kommandierte der Capt. C.H. Rouvroy (8te Comp.). Der Sousltn. Bucher, als 4. Offizier der 8ten Kompanie, befand sich ebenfalls bei diesem Park.

Die Regimentsgeschütze kamen bei allen Aktionen der sächsischen Infanterie in diesem Feldzug zum Einsatz.

Verloren gingen in diesem Feldzug insgesamt 14 Regimentsgeschütze, davon 8 Geschütze bei der Kapitulation der Brigade Klengel[29] (König/Niesemeuschel) am 27.07.1812 bei Kobryn und 6 Geschütze (darunter die 4 Kanonen des Regiments Anton[30]) während der Gefechte bei Kalisch am 13.02.1813.

3.6   Feldzüge 1813, 1814 und 1815

Im Feldzug von 1813, 1813/14 und 1815 kam keine Regimentsartillerie zum Feld-Einsatz.

Nachweislich wurden 24 Stück auf den Wällen von Dresden-Altstadt und – Neustadt sowie 4 Stück auf dem Sonnenstein postiert.

Bei der Einnahme von Mainz durch die Alliierten wurden 84 sächsische Geschütze, darunter 44 Regimentsgeschütze (die wohl 1806 durch die Franzosen erbeuteten), aufgefunden und nach Sachsen zurückgeführt.

---

[29] Aster zu Kobryn: „ Von allen Seiten her ward der allgemeine Mangel an Munition und die immer mehr und mehr zunehmende ankommende feindliche Artillerie und Infanterie gemeldet; der größte Teil der Infanterie hatte keinen und die Artillerie nur noch pr. Piece 1 höchstens 2 Schuss, welche uns in der Nähe, in der sich der Feind jetzt befand, nicht mehr viel helfen konnten ... Nachmittags 2 Uhr, wo, nach einem länger als 8stündigen Gefecht, in dem noch nicht 2.300 Mann mit 8 Piecen einen mehr als 6mal stärkeren Feind mit 20 Piecen Widerstand geleistet hatten, sich alles über-zeugte, dass keine Rettung mehr sei, ward beschlossen ... vom Feind die Kapitulation, durch einen abzusendenden Parlamentär ... zu verlangen."

[30] Herzog zu Kalisch: „ Von dem Feinde von allen Seiten gedrängt, hatte eben der General Nostitz mit zwei Kompanien, die Kompanie nicht sechzig Mann stark, das Dorf Borkow unweit Kalisch besetzt. Unsere Kanonen waren vor dem Dorfe aufgestellt, und ein Teil des Regiments Polenz-Dragoner marschierte uns zur Seite auf, als einige große Reitermassen des Feindes sich von allen Seiten zeigten. Genanntes Regiment und ein Häuflein polnischer Reiter, in Warschau erst kürzlich errichtet, wurden angegriffen und geworfen. Es hatte am Morgen stark geglatteist, weshalb die schlecht beschlagenen und matten Pferde größtenteils stürzten; die Dragoner wurden gefangen genommen ... Das Geschütz wurde ins Dorf zurückgezogen, und die Infanterie verteidigte sich hinter Hecken und Mauerwerk. Hinter und neben uns hörte man schon Hurra rufen, und die feindlichen Massen rückten uns immer näher. Wir Artilleristen hatten es indes an einem leb-haften Feuer nicht fehlen lassen. Als aber die großen Reitermassen des Feindes uns von allen Seiten enger einschlossen, gab General Nostitz Befehl, das Feuer einzustellen. Es folgte eine Unterhandlung mit dem feindlichen General, und in Folge derselben wurde das Gewehr gestreckt ... Wir Artilleristen hingen unsere kleinen Gewehre ab und an die Kanonen."

Abb. 02   Mündung Rohr 13   Abb. 03   Mündung Rohr 95

Abb. 04   Delphine Rohr 37

4. Geschütze

4.1 Geschützrohr

Durch das Allerhöchste Reskript (vom 09.12.1766 wurde befohlen, dass die Feldkanonen 16 Kugeln lang und aus metallenen 12-, 8- und 4-Pfündern bestehen sollen. Während die 12- und 8-Pfünder in einer schweren und einer leichten Version konstruiert und gegossen wurden, gab es die 4-Pfünder –weil sie zum Regimentsgeschütz bestimmt waren – nur in einer leichten Version. Erst 1797 wurden 20 Kugel und 1 Kaliber lange schwere 4-Pfünder eingeführt. Bei der Konstruktion der Kanonenröhren Modell 1766 legte die dazu ernannte Kommission folgende Grundsätze fest:

1) Der Spielraum ist für alle Kanonen so proportioniert, dass er ungefähr $^1/_{20}$ der Bohrung beträgt

2) Alle Schellzapfen stehen im Zentrum auf der mittleren Seelenlinie und sind mit Stoßscheiben versehen, die mit den höchsten Bodenfriesen parallel gehen.

3) Die Seele ist am Boden halbkugelförmig geschlossen, damit das Rohr richtig ausgewischt werden kann, die Entzündung des Pulvers vermehrt wird, das Metall am Zündloch verstärkt ist und dies eine einfache Fertigung der Pulverpatronen gestattet.

4) Das Zündloch fängt ¼ Kugeldurchmesser vom Boden an. Es besteht aus 2 Zylindern, die durch einen Kegel verbunden sind. Der obere Kegel ist 0,4 Zoll (0,94 cm) weit und 1,5 Zoll (3,54 cm) hoch, der Kegel ist 0,27 Zoll (0,64 cm) hoch und unten 0,27 Zoll weit. Dies Weite hat dann auch der sich anschließende und bis in die Seele gehende 2.Zylinder.

5) Die Delphine stehen mit dem Zentrum des Kopfes über dem Zapfenzentrum, oben auf dem Rohr 1 Kaliber auseinander mit der Richtung nach den unteren Metallpunkten.

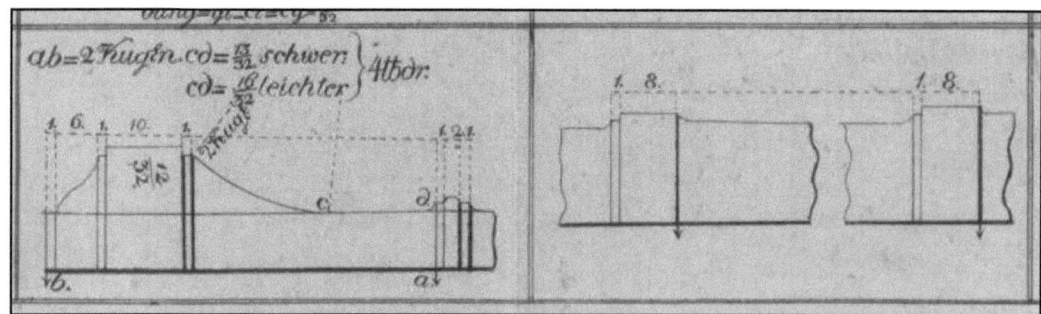

Abb. 02   Maße zu den Verzierungen der 4-Pfünder (links Kopf, rechts 1. und 2.Bruch / Rouvroy 1809)

Die bei der Regimentsartillerie verwendeten leichten 4pfündigen Kanonen wurden nach der in 32 Teile geteilten Kugel aufgetragen. Sie unterschieden sich von den anderen Kanonen durch ihre besondere Richt- und Ladeeinrichtung. Zu bemerken ist folgendes:

Abb. 05   Rohr 37

Abb. 06   Rohr 13

Abb. 07   Rohr 98

1) Das Schildzapfenzentrum ist auf $^3/_7$ der Länge des Rohres + $^{10}/_{32}$ Kugel und auf der Seelenachse (wegen des notwendigen Hintergewichtes).

2) Das Rohr hat keine Traube und ist stattdessen um 9/32 Kugel am Boden verstärkt,

3) Hinten am Stoß sind 2 metallene Lappen (Abb. 08, f) angegossen und zwischen diesen ein Stück Eisen mit einer vorstehenden stählernen Nase (g) durch 2 Nieten befestigt

4) Weiterhin sind 2 Ringe (l) zur Befestigung der Maschinenleinen im Stoß eingeschraubt.

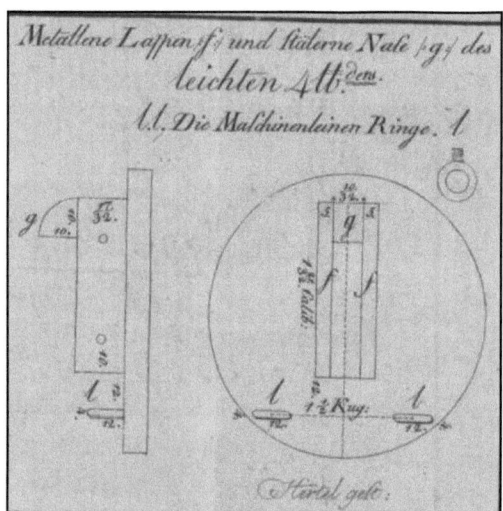 

Abb. 08/09   Ansicht von Lappen und Nase (metallene Lappen f, stählerne Nase g und Maschinenleinenringe l / Rouvroy 1809 links und Original am Beispiel von Rohr 27)

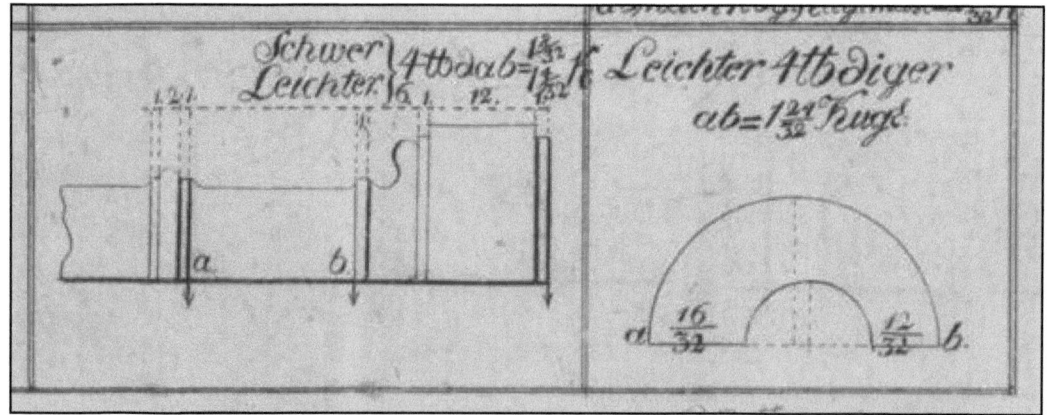

Abb. 10   Maße zu den Verzierungen der 4-Pfünder (links Stoß, rechts Delphine / Rouvroy 1809)

Das Rohr des leichten 4-Pfünders sollte 6 Zentner (308 kg) wiegen. Bei 16 Kalibern war es rund 56 Zoll (1,32 m) lang, auf 4 ½ Pfund Eisen gebohrt und hatte einen Spielraum von 0,13453 Zoll (0,32 cm).

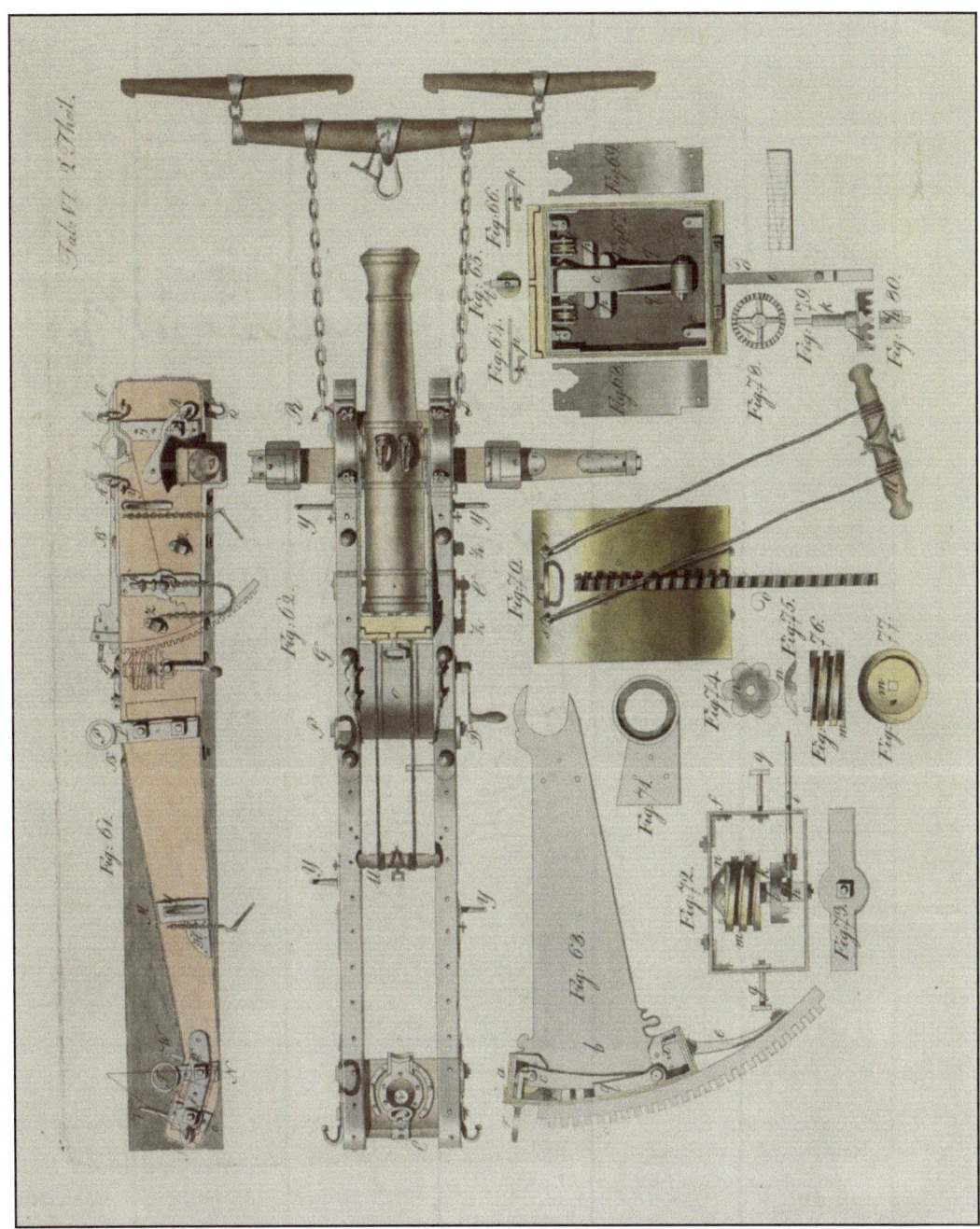

Abb. 11   Details Geschütz (Fig. 61 Seitenansicht Lafettenwand mit Beschlägen;
Fig. 62 Draufsicht mit eingehangener Vorlegewage zum Avancieren; die restlichen
Figuren zeigen Details der Richt- und Lademaschine – Fig. 63 Seitenbleche, Federn,
Klinke, Kammbogen; Fig. 64-69 den Kasten innen mit Umlenkrollen und Deckblechen;
Fig. 70 Kasten außen mit Kammbogen und Maschinenleinen; Fig. 71 Überwurf Zapfen
zur Befestigung der Seitenbleche; Fig. 72 Richtmaschine; Fig. 74-80 Details der
Richtmaschine zu Endlosschraube und Kronrad / die Farben bedeuten: braun = Holz
(abgestuft in die verschiedenen Holzarten / Wände = Kiefer, Achse = Eiche; Wage =
Rüster), grau = Eisen, gelb = Messing, bronze = Kanonenmetall) (Rouvroy 1809)

Die Geschützrohren zeigen die nachfolgenden beiden Verzierungen:

Abb. 12/13   „XAVERIVS/REG PRINC POLON/ET LITH/DVX SAXONIAE/ELECTORATVS/ ADMINISTRATOR/FVNDI IVSSIT/ANNO/MDCCLXVIII"[31] (links Petrov/ rechts langes Feld)

Abb. 14/15/16   Monogramm des Kurfürsten Friedrich August III. auf dem Bodenstück (Links Petrov/ Mitte Rohr 28 für 1768/ rechts Rohr 37 für 1769)

Die 1768 gegossenen Rohre[32] weisen in der Regel den kurfürstlichen Namenszug und das Administratorwappen, die 1769 gegossenen nur den kurfürstlichen Namenszug auf. Eine bekannte Ausnahme hiervon bildet das Rohr 16, welches weder Namenszug noch eine Jahreszahl, sondern nur das Administratorwappen trägt. Unter dem kurfürstlichen Monogramm stand noch: GOSS MICH IOH: GOTTFR: WEINHOLD, für den Stückgießer Johann Gottfried Weinhold[33].

---

[31] Xaverius, Reg(alis) Princ(eps) Polon(iae) et Lith(uaniae) Dux Saxoniae, Electoratus Administrator Fundi Iussit Anno MDCCLXVIII = Xaver Prinzregent von Polen und Lithauen, Herzog von Sachsen, Kurfürst Administrator gut bestellt anno 1768

[32] Aus dem Gießhaus wurden an komplett bearbeiteten Rohren geliefert: No. 1-16 bis 02.06.; No. 17-31 bis 14.08., No. 33-52 bis 05.11.; No. 53-75 bis Dezember 1768; No. 76-98 bis 15.03.1769. Diese Liefernummernund die späteren Geschütznummern sind nicht identisch.

[33] Johann Gottfried Weinhold; Stückgießer, Glockengießer, Gießerei-Inspektor; geb. 13.06.1700 in Dresden, gest. 08.02.1776 in Dresden

Abb. 17   Delphine Rohr 28

Abb. 18/19   Stählerne Nase; Rohre 27 (links, hier gut zu sehen die einge-
schraubten Ösen für die Maschinenleinen) und 37 (rechts)

4.2 Lafette

Die Lafettenwände der leichten 4-Pfünder waren von Kiefernholz. Der hierfür verwendete Pfosten war 2,75 m lang, 35 cm hoch und 7 cm stark.

Die beiden Lafettenwände standen durchweg gleichweit voneinander entfernt.

Die Beschläge wurden aus Eisen gefertigt[34] bzw. bereits als sogenanntes Mustereisen verwendungsfertig[35] aus den Eisenhütten geliefert. Sie bestanden aus dem Pfannstück (mit Zapfenlager, geht um die Stirn und die obere Kante des Bruststückes), den Achseinbindeschienen (gehen unter dem Bruststück weg und umfassen die Achse bis zur Lafettensohle; haben die größte Eisenstärke aller Schienen) und den Schwanzumbiegeschienen (deren Federn liegen unter denen der Pfannstücke und Achseinbindeschienen; haben die geringste Materialstärke). Die Umbiegeschienen sind aufgenagelt und zum besseren Halt mit 5 stehenden Bolzen befestigt. Um die Spannung (d.h. Abstand) der Lafettenwände zu erhalten, werden 5 liegende Bolzen benutzt. Zu den Beschlägen gehören noch 6 Seitenschienen, 1 Streichblech, Avancierhaken bzw. Avancierringe, Retrierhaken, Trageringe, Schwanzriegelbeschläge, Ladezeugbügel und die Achsbeschläge.

Abweichend von den 8- und 12-Pfündern verfügte der leichte 4-Pfünder über eine spezielle Richt- und Ladeeinrichtung.

Die Richtmaschine bestand aus einem Maschinenkasten (1 Hinterteil und 2 Backen/Seitenbleche). Die eisernen Backenbleche waren durch angeschraubte Umgriffsringe beweglich an den Schellzapfen befestigt. Der Kasten hatte innen – statt des Richtkeils – eine Hauptfeder mit einer stählernen Klinke, auf der das Rohr mit seiner stählernen Nase ruhte. Das Hinterteil war aus Messing, auf dem sich äußerlich ein eiserner Kammbogen (gebogene Zahnstange) mit 25 Zähnen befand. Dazu kam ein in die Wände eingelassenes Maschinengehäuse, in dem sich eine Endlosschraube befand, die durch Trieb- und Wellenstöcke mit einer auf der rechten Lafettenwand befindlichen Kurbel verbunden ist. Zum Schutz gegen Beschädigung wurde die Richtmaschine oben mit einem Deckblech verwahrt.

Die mit der Richtmaschine verbundene Lademaschine bestand aus dem schon erwähnten Maschinenkasten. Im Hinterteil dieses Kastens befanden sich innen – links und rechts der Hauptfeder - noch zwei Umlenkrollen und zwei Buchsen, über bzw. durch welche die an den Maschinenleinenringe befestigten Maschinenleinen gezogen wurden.

---

[34] Verwendet wurden Flachstabeisen (für Ringe und Nabenbüchsen), Vierkantstabeisen (zu Radenägeln), Blecheisen (zu Seitenschienen) sowie Kreuzblech (für Kotdeckel etc.).

[35] Fertig geliefert wurden Pfannenstücke mit ihren Federn, die Pfannendeckel mit den Docken, die Achseinbindeschienen, die Bolzen, die Ruheriegel, die Schwanzumbiegeschienen, die 12 Seitenblecheisen, die Avancier- und Retirierhaken mit ihren Federn, die Trageringe, die Protz- und Schlußnägel, das Schwanzriegelblech, die Achseisen und Radeschienen sowie starkes Eisen zu den Bolzenmuttern

Abb. 20/21/22   Zündlöcher Rohre 13, 26 und 27

 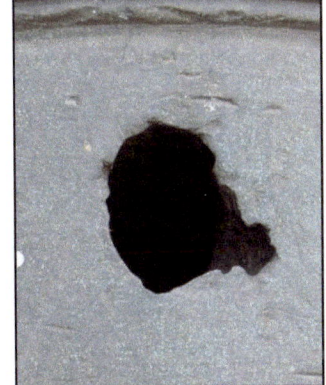 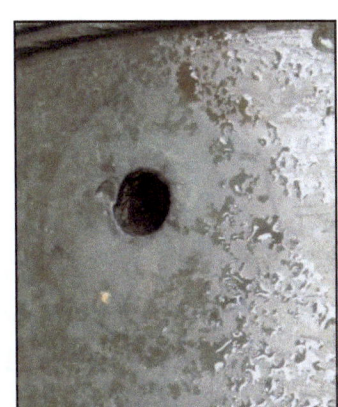

Abb. 23/24/25   Zündlöcher Rohre 28, 30 und 35

  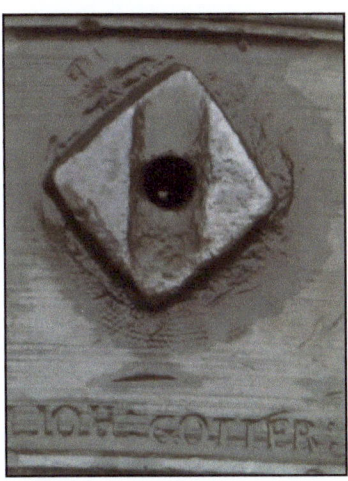

Abb. 26/27/28   Zündlöcher Rohre 37, 95 und 98

Abb. 29   Vermerk des Stückgießers, hier auf Rohr 30

Das Wirkprinzip dieser kombinierten Richt- und Ladeeinrichtung war folgendes:

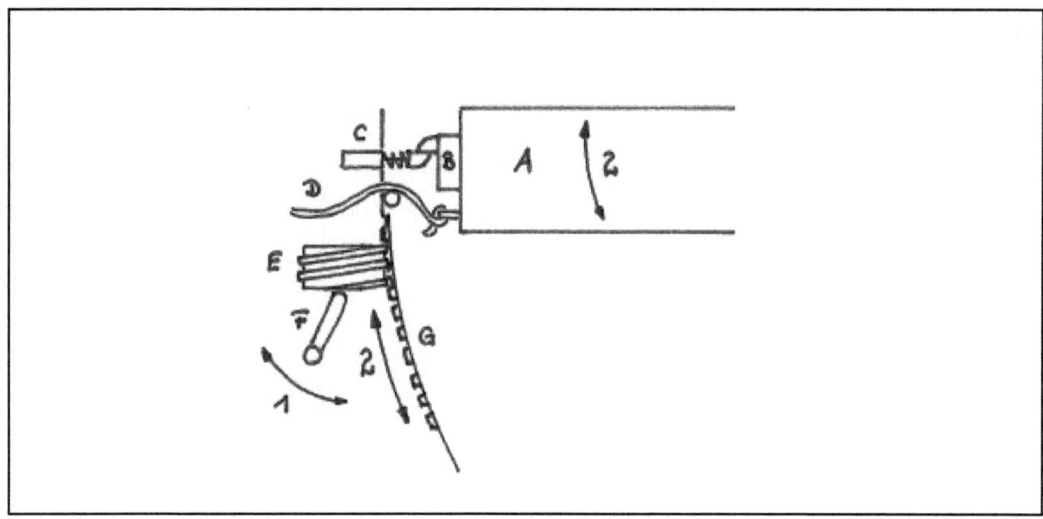

Abb. 30   Wirkprinzip der Richteinrichtung

Das Richten (Abb. 30) erfolgte mittels einer Kurbel (F), die über eine Endlos-schraube (E) in eine gebogene Zahnstange (G) griff. In Abhängigkeit von der Richtung der Kurbelbewegung (1), bewegt sich die Zahnstange (2). Mit der Zahnstange fest verbunden war die Hauptfeder (C), auf deren stählerner Klinke die stählerne Nase (B) des Geschützrohres (A) ruhte. Mit der Kurbel konnte daher das Geschützrohr nach oben und unten (2) bewegt werden.

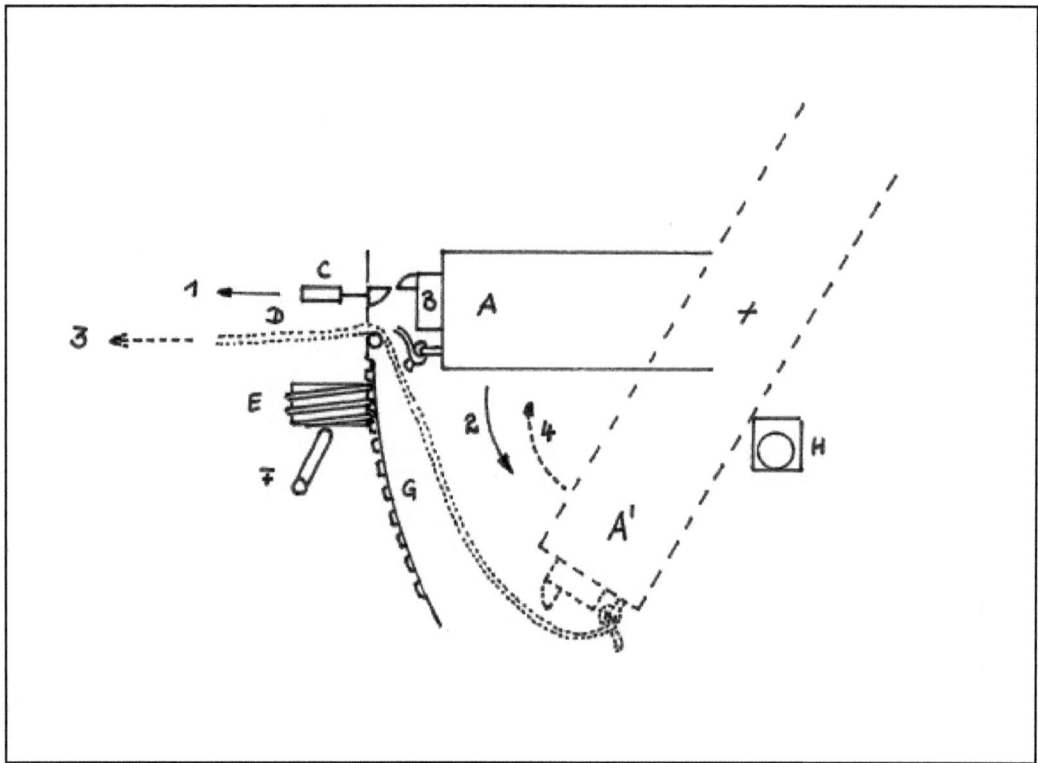

Abb. 31   Wirkprinzip der Ladeeinrichtung

Abb. 32   Kasten außen, Richtmaschine am Rohr 13 / gut zu sehen sind die Klinke, der Kammbogen und die Durchführungen für die Maschinenleinen

Abb. 33   Kasten innen, Richtmaschine am Rohr 13 / gut zu sehen sind die Feder (Einrastpunkt der stählernen Nase) und die Umlenkrollen für die Maschinenleinen.

Zum Geschwindladen (Abb. 31) wurde wie folgt verfahren. Durch das Ziehen (1) der Hauptfeder (C) wurde die Nase (B) freigegeben. Durch das Hintergewicht sank das Rohr bis an die Achse (H) in eine ziemlich aufrechte Position (A') herab. Die Patrone konnte in die Mündung eingeführt werden und sank durch das Eigengewicht herab. Zum Feuern wurde das Rohr mit Hilfe der Maschinenleinen (D) wieder soweit heraufgezogen (3), bis die Nase (B) in der Klinke der Hauptfeder (C) einschnappte (Stellung sh. Abb.31).

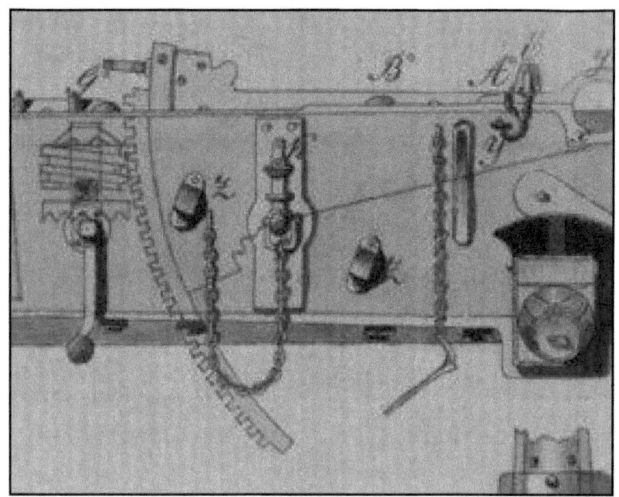 

Abb.34 rechte Seite mit Bolzen K (Rouvroy 1809)   Abb.35 linke Seite m. Bolzenloch

Die Lafette hatte keinen Ruheriegel. An dessen Stelle gab es einen, an einer Kette befestigten Bolzen K (Abb. 34). Auf diesem Bolzen ruhte das Rohr während des Marsches, damit die Maschine nicht belastet wurde. In der Aktion wurde der Bolzen herausgezogen (da sonst das Rohr nicht bis auf die Achse sinken könnte), durch die beiden Schellen Z gesteckt und so sicher verwahrt. In der Abb. 35 kann man das Loch gut erkennen, durch welches der Bolzen während des Marsches gesteckt wurde.

Während der Vorderteil der Lafette die Zeit unverändert überdauert zu haben scheint, sind die Veränderungen am Lafettenschwanz nicht zu übersehen.

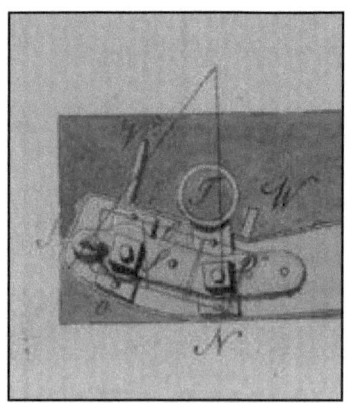 

Abb. 36 und 37   Detail Lafettenschwanz bis 1810 (Rouvroy 1809)

Abb. 38   Rohr in Ladestellung (der abgesunkene Stoß mit den angebundenen Maschinenleinen ist unter der Lafette gut zu erkennen; ebenso das Schriftfeld des Administrators, Prinz Xaver / Möbius I)

Abb. 39   Lafettenschwanz ab 1811 (Möbius I)(ohne Avancierösen und mit Griffen)

Abb. 40   Lafettenschwanz 12-Pfünder M 1810 (Foto des Autors)

Abb. 41/42   Kasten der Richtmaschine (Seiten- und Rückansicht)

Abb. 43   Kasten Richtmaschine Gesamtansicht

Abb. 44   Befestigung der Maschinenbacken an den Schellzapfen des Rohrs

Abb. 45   Gesamtansicht (Rohr in Ladestellung / Möbius I)

Abb. 46   Gesamtansicht (Rohr Schußstellung / Möbius II)

So verfügt der Lafettenschwanz auf den Möbiusbildern (Abb. 39) über solche Hangriffe und die Umlenkrolle für die Prologne, wie sie bei den 1810 neu eingeführten Geschützen zu sehen ist (Abb. 40). Dafür fehlen die auf der Rouvroy-Tafel zu sehenden Hebeösen (Abb. 36 + 37 T) und die mondförmige Schiene um den Beschlag des Protzloches. Der stehende Ring (V) wurde durch eine an der Schmalseite des Schwanzriegels befestigte Öse ersetzt.

Zwischen den Lafettenwänden befand sich im unteren Teil eine **Stücklade**, die in der Aktion herausgenommen wurde. Die Stücklade war von Holz, mit Eisen beschlagen und hatte einen mit Leder überzogenen Deckel. An jeder Längsseite befand sich ein Zapfen, der in die in den Beschlagschienen der Lafettenwände befindlichen Zapfenlöcher passte.

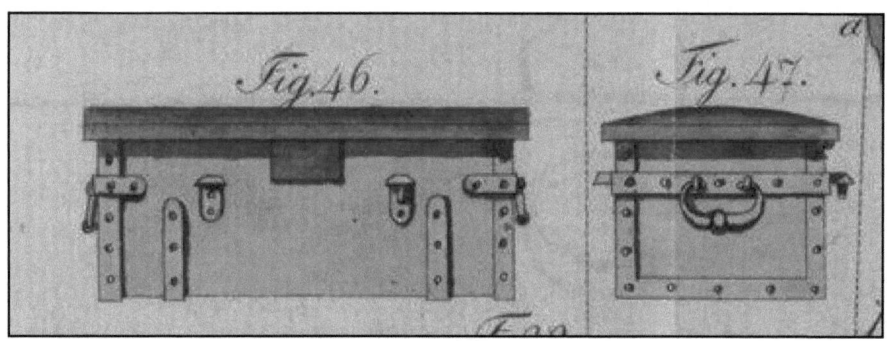

Abb. 47   Stücklade (Rouvroy 1809)

Die 4-Pfünder behielten die **Räder** mit Radschienen[36] bei, obwohl die Räder der neuen 6pfündigen Batterien durchgängig mit ganzen Radreifen belegt waren. Die Schienen wurden nach den Maßen des Rades geschmiedet und so auf das Rad gebracht, das die Mitte der Schiene auf den Stoß zweier Felgen kam. Die Schienen waren mit 12 Schrauben und 36 Nägeln befestigt.

---

[36] „Man frage nur in Bezug auf die sächsische Artillerie diejenigen Offiziere, welche in dem alle Kräfte des Personellen und Materiellen so angreifenden Feldzug des Jahres 1812 in Polen und Russland die Ehre hatten, Geschütz-Abtheilungen von leichten Vierpfündern bei den Infanterie-Regimenter zu führen, und deren Räder wie an den zugehörigen Munitionswagen ohne Felgenschraube nur mit Schienen benagelt waren, während die Räder aller neuen Sechspfünder-Batterien damals durch solide Reifen gebunden wurden. Ohne Feldschmieden, entblößt von allen technischen Hilfsquellen, in einem Land, das vor allen andern in Europas auf der niedrigsten Stufe der Industrie steht, so wie der steten Gluth der Sonnenstrahlen eines heißen Sommers Preis gegeben, kämpften sie unaufhörlich mit der Sorge, sie nur einigermaßen in marschfähigen Stande zu erhalten, und sie mit Ehren vor den Feind oder auf gefahrvollen Rückzügen aus seinem Bereich zu bringen. Die Folge davon war, daß in den zerspaltenen Felgen dieser durch Zeit und Fatiguen zerstörten Räder der mitgeführte Vorrath von Radenägeln bald nutzlos verschwendet war, und nicht selten zu der verzweifelten Hülfe geschritten werden mußte, die Schienen, um sie nicht gänzlich zu verlieren, mit Stricken festzubinden; und so möchte wir es nur dem guten Genius danken, der in jenem glorreichen Feldzuge über der sächsischen Artillerie wachte, daß trotz aller Kamalitäten kein einziges Geschütz oder Munitionswagen auf Nachtmärschen und eiligen Rückzügen durch Sümpfe und über Knüppeldämme im Stich gelassen werden mußte, wenn es nicht der Feind im offenen Gefecht nahm." (Bucher)

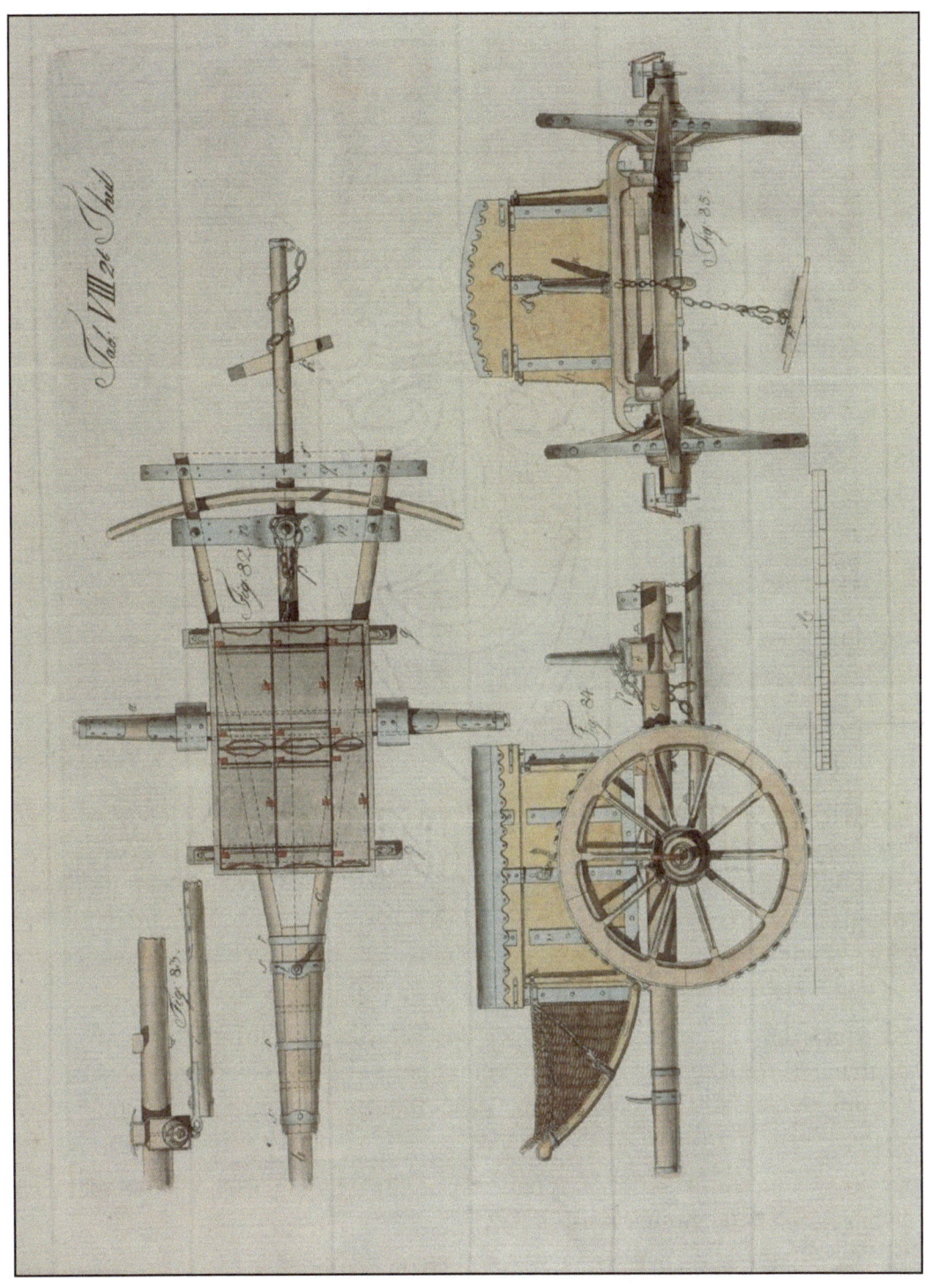

Abb. 48   Protzwagen mit Protzkasten, Langbaum und Lage der Munitionskästen (Rouvroy 1809)

Abb. 49/50   Lafettenräder (links im Original (auf der Nabe liegt eine Ab-deckung evtl. für das Zündloch) und rechts in der Zeichnung /Möbius I; Rouvroy 1809)

4.3   Protze

Das Holzwerk der Protze bestand aus: 1 Achse (a)[37], einer Deichsel (b) mit den Deichselarmen (c), der Unterschale (e), dem oberen Lenkscheit (l), dem Schalholz (x), den 2 Trägern (g), den 4 Rungen (h) einem beweglichen Langbaum (i), einem Knebel (k), dem Protzkasten (m) mit 6 Schusskästen, der Schoßkelle (n) mit ihrem Korb, 2 Rädern sowie einer Stangen- und einer Vorlegewaage (welche wiederum aus den Wagen- und Ortscheiten bestehen).

Der Protzschemel ist der Hauptträger des Lafettenschwanzes. Der bewegliche Langbaum (i, welcher durch den Knebel (k) mit der Lafette verbunden wird) und das Unterlenkscheit (l) sollen beim Bergauffahren das in die Höhe gehen der Deichsel verhindern.

Die Schoßkelle (n) besteht aus 2 Bäumen und 3 Schwingen. In ihr befindet sich ein aus Ruten geflochtener Korb.

Die Protzräder haben 10 Speichen und sind 0,99 m hoch.

Der Protzkasten ist zum Schutz vor dem Regen mit einem Deckblech und auf den Seiten sowie oben und unten mit Schienen versehen. An der vorderen Seite ist eine Stemmstange und am Deckel eine Haspe zum Offenhalten sowie an der Seite eine Kette gegen das Umschlagen des Deckels angebracht.

---

[37] Die Angaben in Klammern beziehen sich auf die Buchstaben in Abb. 48

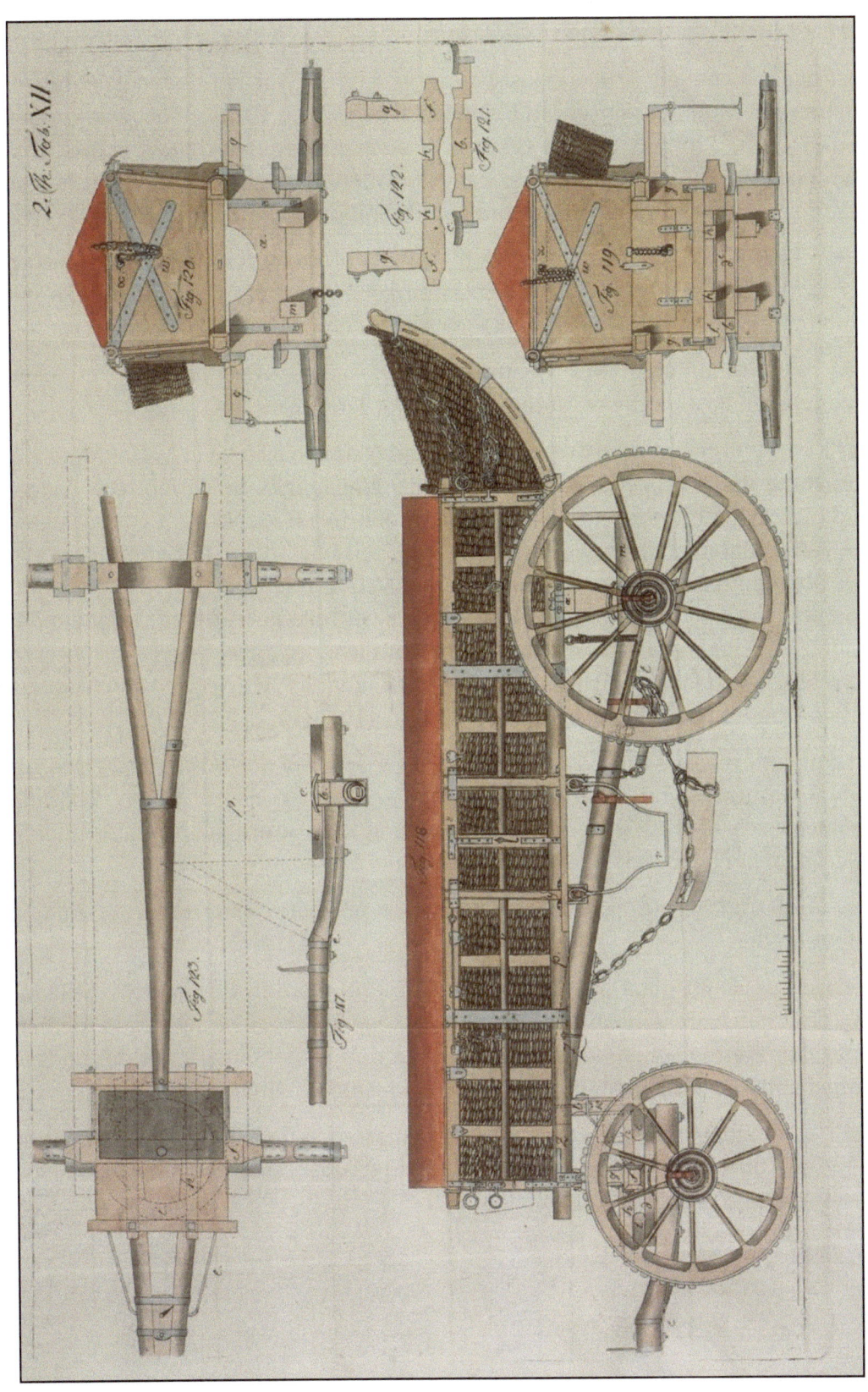

Abb. 51   Munitions- und Requisitenwagen (Rouvroy 1809)

4.4 Munitions- und Requisitenwagen

Im Zuge der neuen Artillerieausrüstung von 1766 war für jeden leichten 4-Pfünder ein Munitionskarren und ein Requisitenwagen vorgesehen. Die Protzen hatten keine Protzkästen. Kanonen wie auch Karren wurden von jeweils 2 Pferden gezogen. Weiterhin waren für den Transport der 4pfündigen Reservemunition 60 vierspännige ordinäre Munitionswagen geplant.

Schon relativ zeitig wurde die Frage diskutiert, ob man den 4-Pfündern anstatt der Karren besser Protzen mit Protzkästen geben und die Geschütze dann mit vier Pferden zu bespannen. Diese Idee wurde scheinbar um 1780 umgesetzt.

Der neue Munitions- und Requistenwagen hatte, weil er zum schnellen Manövrieren bestimmt war, unterlaufende Vorderräder.

Der Kasten ruhte auf zwei Tragebäumen, unter denen sich zwei Mittelträger zur Aufnahme der Trittbretter und des eisernen Aufstieges befanden. Die Bäume sind unten durch 4 Spannriegel verbunden und mit Bodenbrettern beschlagen. Auf jedem Baum stehen zwei Eck- und 1 Mittelsäule sowie 10 Sprossen, die in den Oberbaum eingezapft sind. Die Eck- und Mittelsäulen sind durch Bretter miteinander verbunden, wodurch der Kasten in zwei Teile geteilt wird. In jedem der beiden Teile befindet sich ein Korb als eigentlicher Wagenkasten. Im hinteren Verschlag werden 100 Schuss in 12 Kästen und im vorderen Verschlag die nötigen Requisiten aufbewahrt.

An den hinteren Ecksäulen sind 2 Schusskellenösen und den vorderen 2 Ösen zur Aufnahme des Vorratsrades angebracht. An der vorderen linken Ecksäule befinden sich noch 2 Haspen zur Befestigung des Laternenkorbes. An jedem Oberbaum befinden sich 5 Tornisterhaken.

Die Vorderräder sind 4pfündige Protzräder und die Hinterräder 4pfündige Lafettenräder.

In dem Ausschnitt des Hintergestells (a, Fig. 120) werden 6 Schaufeln, 5 Rade- und eine Spitzhaue verwahrt, deren Stiele in den Schanzzeugringen und Riemen unter dem Kasten ruhen. Rechts und links an den Tragebäumen sind besondere Kloben und Ringe zur Aufnahme einer Axt und einer Radehaue.

Der Deckel besteht aus Brettern, die auf 5 Sparren genagelt und mit gefirnißter Leinwand überzogen sind. Der Deckel verfügt über eine Stemmstange, eine Vorlegekette, 2 Anwürfe und 2 Bänder.

5. Meßprotokoll Rohr No. 37

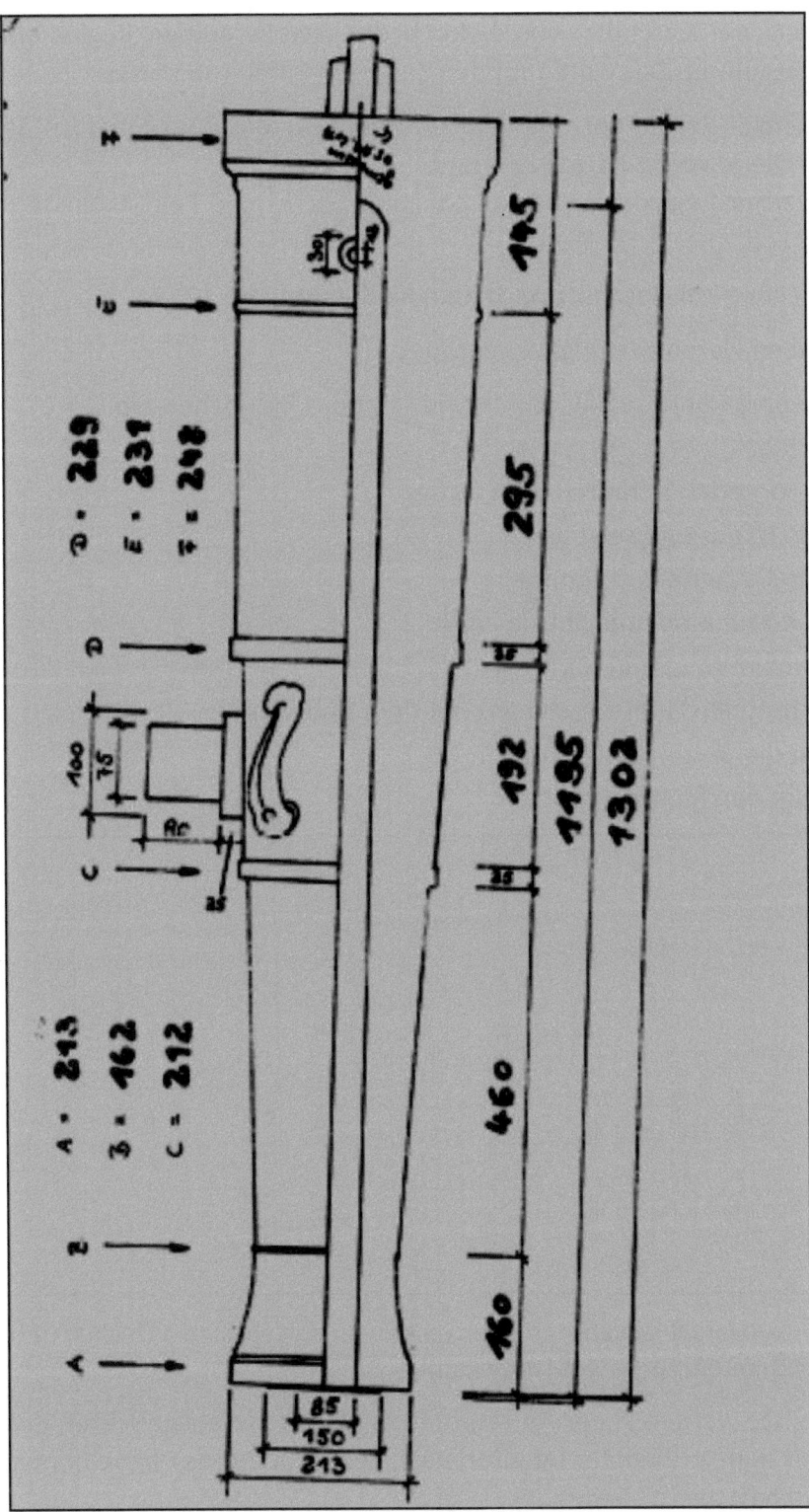

Abb. 52 Gemessen wurde mittels Zollstock, Meßschieber und Bandmaß das Rohr No. 37 im (alten) Schlachtfeldmuseum Borodino am 05.09.2017. (sh. auch Abb. 59) / Die Länge über die Zapfen beträgt 410 / alle Angaben in mm

6. Stellung am Geschütz

Die Stellung am Geschütz wurde durch das jeweils gültige Reglement für die Artillerie bestimmt. Das waren für den Zeitraum 1806 – 1815 das:

a) Exerzier-Reglement mit dem Geschütz für die Chur-Fürstlich Sächsische Artillerie vom 22.10.1777[38] und

b) Exerzier-Reglement für das Königlich Sächsische Feld-Artillerie-Regiment zu Fuß vom 11.06.1811

6.1 Stellung am Geschütz nach dem Reglement von 1777

Die Aufgaben waren wie folgt zugeordnet:

Uffz. kommandiert, schlägt durch und setzt das Brändchen ein

No.1 richtet

No.2 besorgt das Einführen der Patrone

No.3 wischt aus und setzt an

No.4 hat die Lunte und zündet

No.5 holt Munition und gibt sie an No.2

No.6 ist beim Munitionskarren

No.7 richtet den Lafettenschwanz mit dem Hebebaum

No.8 hat die Vorratslunte und hilft No.7

No.9 trägt den Munitionskasten

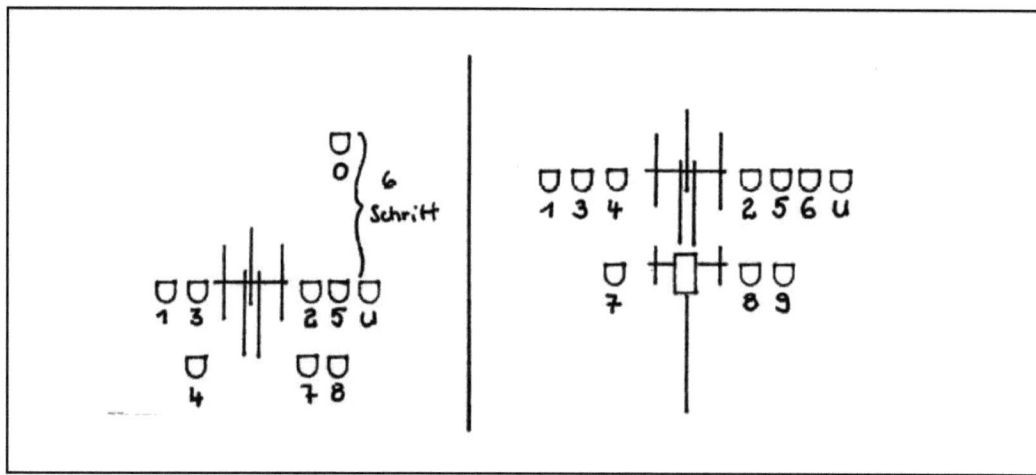

Abb. 53 Parade am abgeprotzten (links) und aufgeprotzten (rechts) Geschütz (O= Offizier, U= Unteroffizier, 1-9= Mannschaft)

Die Geschütze werden in der Antreteordnung immer so ausgerichtet, das sich die Achsen mit dem 1.Glied der Infanterie alignieren. In dieses Alignement stellt sich die Mannschaft des 1.Gliedes.

---

[38] Enthalten in Heft 38 dieser Reihe

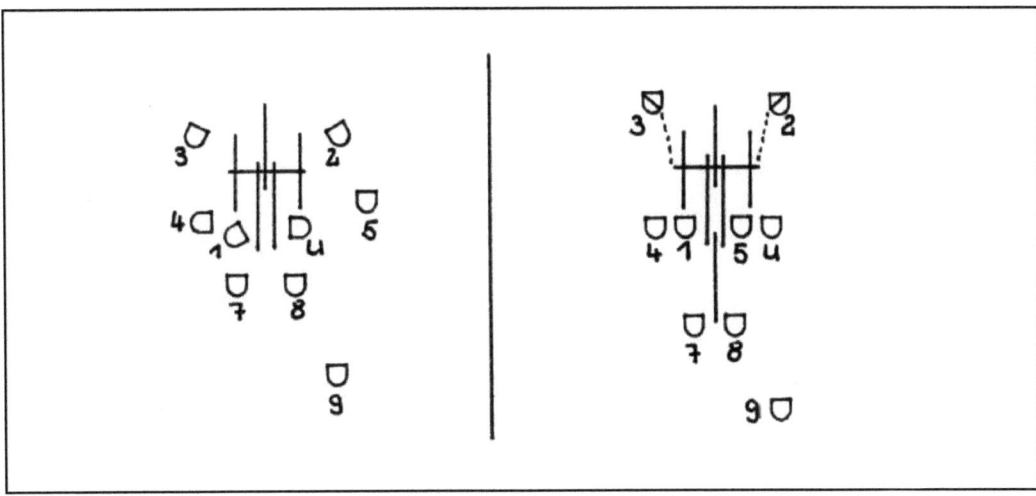

Abb. 54   Stellung beim Richten und Laden (links) sowie beim Avancieren (rechts). Der Unteroffizier sowie die Nummer 1, 4 und 5 schieben an den durch die Avancierösen gesteckten Vorbringebäumen. Beim Retirieren schieben diese Nummern nur rückwärts. Die Nummern 2 und 3 hängen ihre Avanciersielen in die jeweilige Hakenscheibe an der Achse. Beim Avancieren ziehen sie nach vorn, beim Retirieren zurück.

Aus dem Reglement nicht geklärt werden kann die Aufgabenverteilung nach der Einführung der Kastenprotzen. No. 9 wird aber die Stücklade nach Herausnahme aus der Lafette auf der Protze abgesetzt (wie in der Exercise mit 10 Mann beschrieben, sh. Anlage 2) und sich dann mit den No. 5 und 6 um den Munitionsnachschub gekümmert haben.

No. 9 stand mit dem Munitionskasten 12 Schritt hinter dem Schwanz der Lafette. Die Protze stand 24 Schritt vom Lafettenschwanz entfernt und wiederum 20 Schritt von der Protze entfernt stand der Munitions- und Requisitenwagen.

5.2   Stellung am Geschütz nach dem Reglement von 1811

Die Aufgaben waren wie folgt zugeordnet:

Uffz.   kommandiert, schlägt durch und setzt das Brändchen ein

No.1   führt die Patrone ein

No.2   richtet

No.3   richtet den Lafettenschwanz mit dem Hebebaum

No.4   trägt die Munition von der Protze zu No.1

No.5   am Munitionswagen, trägt Munition zur Protze

No.6   am Munitionswagen, trägt Munition zur Protze

No.7   wischt aus und setzt an

No.8   hat die Lunte und zündet

No.9   hat die Vorratslunte und kümmert sich um die Prologne

No.10 gibt die Munition aus der Protze an No.4

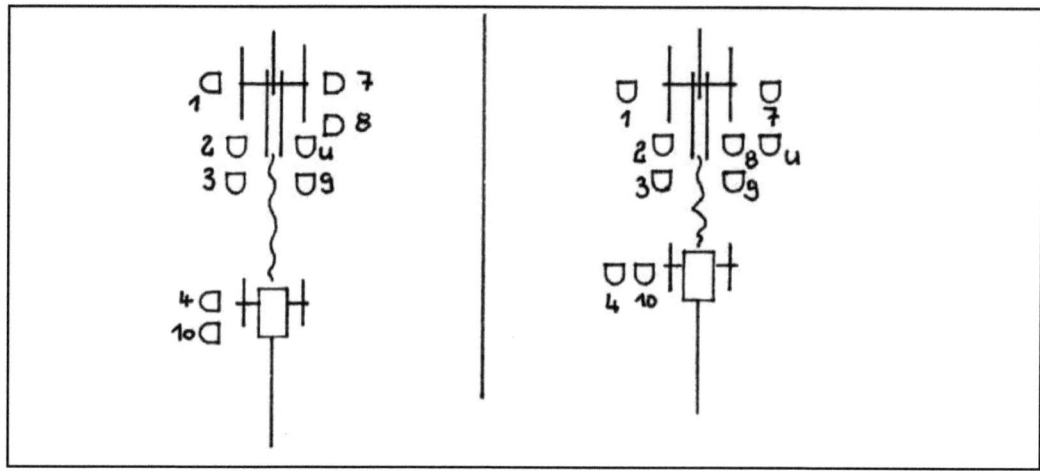

Abb. 55   Stellung am Geschütz beim Laden und Richten (links) sowie bei den Honneurs (rechts). Die reglementsmäßige Stellung der No. 4 und 10 setzt voraus, dass der Protzdeckel auch von dieser Seite geöffnet werden konnte, was einen Umbau voraussetzte, da er im Original von der anderen Seite zu öffnen war[39].

Das Reglement von 1811 wurde auch bei der Bedienung der 4pfd. Regiments-Kanonen im Feldzug 1812 angewendet. Darauf weisen einerseits die an den Lafettenschwänzen im Jahre 1811 vorgenommenen Umbauten analog den neuen Geschützen M1810 und andererseits die Mitteilungen von Augenzeugen hin[40].

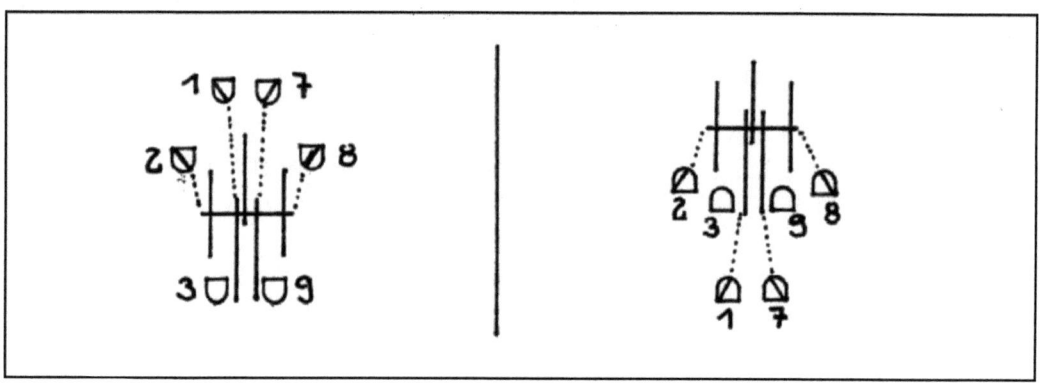

Abb. 56   Regimentsgeschütz im Avancieren (links) bzw. Retirieren (rechts)

---

[39] Erfolgt dieser Umbau nicht, so müssen die Munitionszuträger zu No.1 auf der anderen Seite stehen und entweder a) über die Prologne laufen oder b) hinsichtlich der Prologne für die Regimentsstücke vom Reglement abweichende Regelungen gelten.

[40] Herzog zur Schlacht bei Podobna: „Der Weg war sehr sumpfig. Die Mannschaft musste aufsitzen. Zwei Regimenter österreichische Kavallerie begleiteten uns. Alles ging im schärfsten Trabe." Das hier von Herzog beschriebene „Aufsitzen" findet sich als solches nur im Reglement von 1811 (S.25 Kommando „Mannschaft aufgesetzt!" – Dabei saßen auf: der Unteroffizier auf das lange Feld; die No. 1, 2, 3 und 4 quer über die Lafettenwände; No. 7und 8 auf den Protzkasten; No. 9 auf das Stangen- und No. 10 auf das Vorderhandpferd des Geschützes sowie No.5 auf das Stangen- und No. 6 auf das Vorderhandpferd des Munitionswagens.)

Leider sind zum Feldzug von 1812 bisher keine Tagebücher/Gefechtsberichte der Offiziere auffindbar gewesen, die diese Artilleriedetachements befehligten.

Bei Unterstützung der anderen Truppengattung galt der Grundsatz, dass die Bewegungen mit größter Schnelligkeit so auszuführen sind, dass sie den anderen Truppenarten nicht hinderlich sind. Umgekehrt galt, dass die zu unterstützenden Truppengattungen hinsichtlich der verschiedenen Bewegungen und Kommunikationswege Rücksicht auf die beigegebene Artillerie zu nehmen hatten[41].

Obwohl das Avancieren und Retirieren des Geschützes durch die Mannschaft beim Exerzieren wegfiel, waren reglementsmäßig im Protzkasten[42] 4 Avancier-Siele vorrätig, um in Sondersituationen das Geschütz auch durch die Mannschaft bewegen zu lassen.

6.3   Stellung der Geschütze in den Infanterie-Regimentern

Die Regimentsgeschütze waren dafür gedacht, die Flügel der Bataillone zu stärken und wurden daher auf diesen platziert. Bei einem Regiment von zwei Bataillonen standen dann jeweils 1 Geschütz auf dem rechten und linken Flügel sowie zwei Geschütze in der Mitte[43].

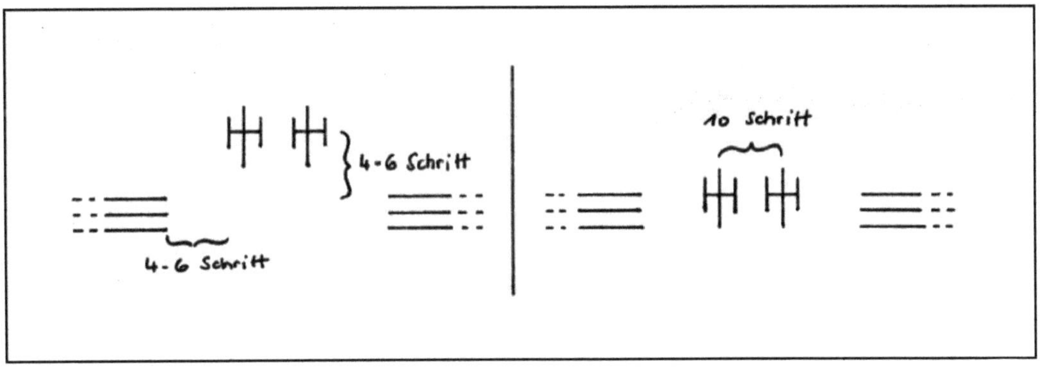

Abb. 57   Stellung der Geschütze in der Front beim Feuern mit großem und kleinem Gewehr (rechts) bzw. nur mit großem Gewehr (links)

Im Zusammenspiel mit dem Regiment/Bataillon sollten die Geschütze das Feuer in die feindlichen Reihen tragen und diese erschüttern, ehe der Feind mit dem kleinen Gewehr überhaupt in Schussweite kam. Das Reglement von 1777 sieht ausdrücklich vor[44], dass die Geschütze auch vereinigt als Batterie genutzt werden können. Von dieser Möglichkeit wurde 1806 einigemale Gebrauch gemacht[45] (jedoch nur sporadisch und häufigen Wechseln unterworfen[46]).

---

[41] Eine der Lehren aus dem Feldzug von 1806. Die Infanterie hatte in diesem sehr kurzen Feldzug wenig Rücksicht auf die beigegebene Artillerie genommen.

[42] Es ist anzunehmen, dass diese nicht im Protzkasten sondern in der Stücklade verwahrt wurden.

[43] Hiervon wurde situationsbedingt abgewichen. Ltn. Essenius (Art.offz. Prinz Clemens 1806): „Von meinen Geschützen hatte ich 2 Kanons auf dem rechten Flügel des 1sten Bataillons und 2 Kanons auf dem linken Flügel des 2ten Bataillons postiert."

[44] Cap. IV § 3

[45] Ltn. v.Hiller (Art.offz. Churfürst 1806): „Es ist den bei einem Regiment stehenden Artillerie Offizier ohnmöglich ... sein Geschütz immer zu übersehen; entschiedene Vorteile müsste das

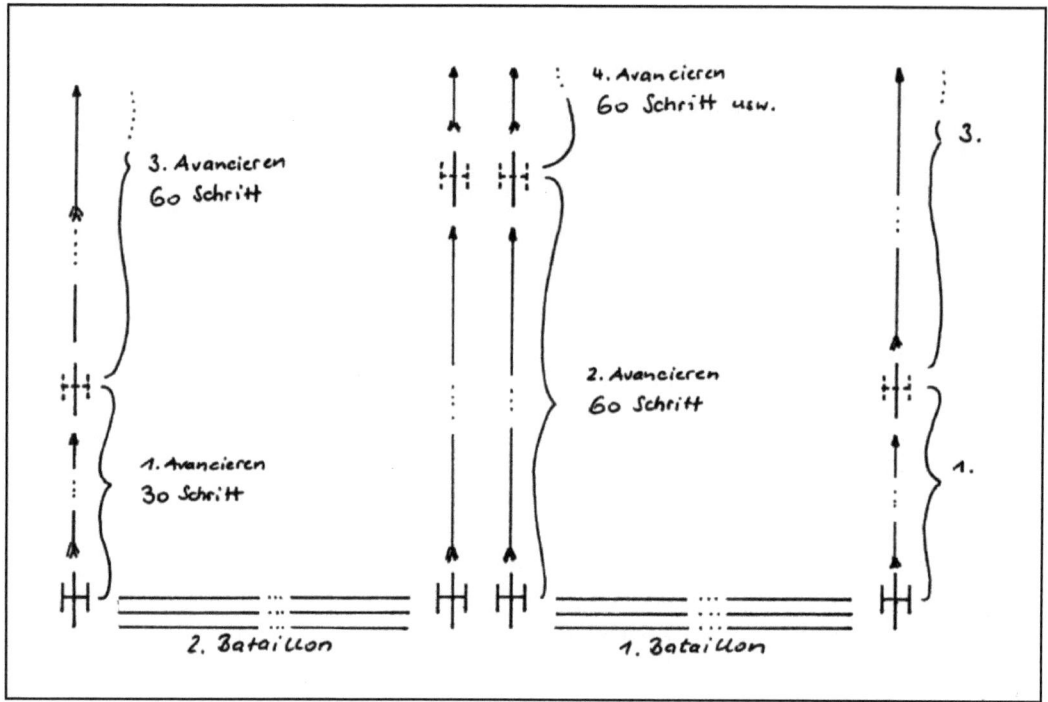

Abb. 58   Das Avancieren im Verbund mit Infanterie: Beim Befehl Marsch! eilen die beiden Flügelschütze 30 Schritt vor und beginnen zu feuern. In der Zwischenzeit prellen die Zentrumsgeschütze um 30 Schritt vor die Flügelgeschütze und beginnen gleichfalls zu feuern. Wenn die Linie nahe genug an die Flügelgeschütze heran ist, stellen diese ihr Feuer ein und überflügeln die Zentrumsgeschütze wieder um 30 Schritt usw. Im Retirieren verläuft es analog. Die Flügelgeschütze gehen 30 Schritt zurück, während die Zentrumsgeschütze feuern. Erreicht die Infanterie die Höhe der Flügelgeschütze, so eilen die Zentrumsgeschütze 60 Schritt zurück und beginnen, wenn die Linie sie erreicht hat, zu feuern, während die Flügelgeschütze um weitere 60 Schritt zurückgehen.

Im Feldzug von 1812 scheint eine Verwendung in der ureigenen Bezeichnung „Regimentsgeschütz" nicht mehr vorgekommen zu sein. Die Geschütze dienten hier vereinzelt oder paarweise zur Besetzung und Verstärkung wichtiger Punkte und fungierten sonst als Regiments- oder Brigade-Batterie[47]. Insofern ein Mangel an Artilleristen eintrat, gab die Infanterie hierzu die nötigen Leute ab.

Ganze genießen, wenn er es ... als Batterie formiert unter seiner steten Aufsicht beisammen hält, besonders wenn dann sein Gegner durch ein Heer leichter Truppen ihn jede Vereinzelung wird schwer fühlen lassen ..." / Sh. auch Anm. 16

[46] Strauch: „Auch seine (2.Bon Rechten bei Saalfeld) eigenen Feldgeschütze erhielt es nicht, da man nicht wusste, wo sich die betreffende kombinierte Batterie befand."

[47] F.E. Aster zu Kobryn: „ 2 Kanons von Niesemeuschel platzierte der General sehr nachahmenswert unter der Brücke vor der Stadt, um teils die Furt der Muchabitz teils den Weg in die Stadt zu bestreichen, da jedoch der Artillerie-Leutnant v.Glowacki bald einsah, dass er dergestalt wenig affektionieren werde, so platzierte er sich nach Belieben besser." / Herzog zu Podobna: „Unsere Batterie fand ihren Platz im Zentrum der Schlachtlinie. Während der Schlacht verließen wir auf kurze Zeit unsere Stellung, um weiter vor, eine österreichische Batterie zu unterstützen ..." / Herzog zu Klinicki: „Das Regiment Prinz Anton hatte den äußersten rechten Flügel; wir standen

7.   Quellen

Bucher   Die Geschützräder und ihre Mängel in „Archiv für die Offiziere der preußischen Artillerie- und Ingenieur-Korps / Vierter Jahrgang VIII.Band / Berlin, Posen, Bromberg 1839

Cerrini   Die Feldzüge der Sachsen in den Jahren 1812 und 1813 – Dresden 1821

Chomtschenko/Igoschin u.a.   Trophäengeschütze des Jahres 1812 im Fundus des Museums Schlachtfeld Borodino", Katalog – Borodino 2014

Exner   Der Anteil der kgl. sächs. Armee am Feldzuge gegen Rußland 1812 – Leipzig 1896

Hauptstaatsarchiv Dresden

11289 Generalintendantur	180	Hauptzeughaus 1814
11269 Hauptzeughaus	581	Gießen von Geschützen
		394, 395, 396, 397 (Feldzüge 1806, 1807, 1809, 1811-16)
		Loc 14590/1 Hauptanschlag zur neuen Artillerie
11339 Generalstab	260	Bewegungen der Armee 1806

Herzog   Sieben Jahre aus dem Leben eines sächsischen Artilleristen – Dresden und Leipzig 1845

Möbius I + II   SLUB Dresden / Deutsche Fotothek / df_hauptkatalog_0058392 bzw. df_hauptkatalog_0068393 / Aufnahme Walter Möbius 15.10.1937

Montbé   Die chursächsichen Truppen im Feldzuge 1806 – Dresden 1860

Neues Militärisches Journal

Band I   Verhalten der Sächsischen Regimentsartillerie – Hannover 1788

Band II   Sächsische 4 pf. Canonen / Exercise mit dem 4 pfündigen Regiments-stück – Hannover 1789

Novoselov   Besiegte Götter des Krieges-Trophäengeschütze des Vaterländischen Krieges 1812 - Moskau 2012

Petrov   Geschütze, vom Gegner erbeutet im Vaterländischen Krieg 1812 – Moskau 1911

Rouvroy   Vorlesungen über einen Teil der Geschützlehre – Dresden (1809)

Scharnhorst/Hoyer   Handbuch für Officiere / Erster Theil von der Artillerie – Hannover 1815

Strauch   Der erste Zusammenstoß - Das Gefecht bei Schleiz – Berlin 1906

Titze   Das sächsische Artillerie-Korps: Das Regiment Artillerie zu Fuß, die reitende Artillerie-Brigade ... 1810-13 – Norderstedt 2012 (Band 6)

Titze (Hrsg.)   Reglements für die Kurfüstlich Sächsische Artillerie aus den Jahren 1767 und 1777 – Norderstedt 2015 (Band 38)

Titze (Hrsg.)   Das Tagebuch von Friedrich Ernst Aster aus dem Jahre 1812 - Norderstedt 2012 (Band 22)

---

demselben links zur Seite, so dass unsere Batterie zwischen den Fluss und das Dorf Pecki zu stehen kam. ... Da wir keine Grenadstücke in der Batterie hatten ... wurden die Haubitzen einer anderen Batterie uns zu Hilfe gegeben."

Anlagen

Anlage 01   Zusammengefasste taktisch/technische Angaben[48]

Rohrlänge		16 Kaliber oder 56 Zoll	1,32 m
Rohrgewicht		6 Zentner [49]	308 kg
Lafettenwände	lang	4 Ellen 20 ½ Zoll	2,75 m
	hoch	15 Zoll	0,35 m
	stark	3 Zoll	0,07 m
Lafettenräder	Speichen	12 Stück	
	Höhe des Rades	2 Ellen 8 Zoll	1,32 m
	Nabe lang	16 Zoll	0,38 m
Lafettenachse	Mittelachse lang	1 Elle 9 ¼ Zoll	0,78 m
	Achsschenkel lang	21 Zoll	0,50 m
Stücklade	hoch	10 Zoll	0,24 m
	lang	1 Elle 3 Zoll	0,64 m
	breit	10 ½ Zoll	0,25 m
Lafette	Gesamtgewicht	6 Zentner 90 Pfund	350 kg
Protzräder	Speichen	10 Stück	
	Höhe des Rades	1 Elle 18 Zoll	0,99 m
	Nabe lang	15 Zoll	0,35 m
Protzachse	Mittelachse lang	1 Elle 12 Zoll	0,85 m
	Achsschenkel lang	17 ¾ Zoll	0,42 m
Protzkasten	lang	1 Elle 21 Zoll	1,06 m
	breit	1 Elle 3 Zoll	0,64 m
	hoch	19 Zoll	0,45 m
Kugelschußkasten	breit	9 ¼ Zoll	0,22 m
	lang	19 Zoll	0,45 m
Kartätschschußkasten	breit	5 ¼ Zoll	0,12 m
	lang	19 Zoll	0,45 m
Schußkasten	Holzstärke	1 Zoll	2,4 cm
Protzdeichsel	lang	6 Ellen 12 Zoll	3,68 m
	stark hinten	4 Zoll	0,09 m
	stark vorn	3 Zoll	0,07 m
Beweglicher Langbaum lang		3 Ellen 4 Zoll	1,79 m

[48] Es wird mit folgenden Werten umgerechnet: 1 Elle = 56,6375 cm = 24 Zoll; 1 Pfund = 0,4672 kg, der Zentner zu 110 Pfund, das Loth zu 14,6 g; der Schritt zu 1 $^1/_3$ Elle oder rund 75 cm.
[49] Scharnhorst/Hoyer geben 670 Pfund (313 kg)

		stark	3 Zoll	0,07 m
Protze		Fahrzeuggewicht	4 Zentner 69 Pfund	238 kg
		Munitionsgewicht	3 Zentner 29 Pfund	168 kg
Geschütz mit Protze	Gesamtgewicht		20 Zentner 69 Pfund	1060 kg
Tote Kraft zum Aufprotzen			125 Pfund	58 kg
Bespannung			4 Pferde, 2 Trainsoldaten	
Gesamtlänge (aufgeprotzt und bespannt)			17 Ellen	9,63 m
Wendekreis			11 Schritt	7,81 m
Munition		Kugel	4 Pfund Eisen	1,87 kg
		Kartätschen	27 Stck 4 löthige Kugel	1,58 kg
		Ladung	1 ¾ Pfund	0,82 kg
Protzmunition		Kugelschuß	4 Kästen à 10 Schuß	
		Kartätschschuß	2 Kästen à 5 Schuß	

Schußweiten[50]

Kugel		Visierschuß	500 Schritt	375 m
		¾" Aufsatz	800 Schritt	600 m
		2 $^5/_8$" Aufsatz	1200 Schritt	900 m
		4 ¾" Aufsatz	1600 Schritt	1200 m
		7 ½" Aufsatz	2000 Schritt	1500 m
Kartätschen		Visierschuß	300 Schritt	225 m
		1" Aufsatz	500 Schritt	375 m
Rohr kann erhöht (eleviert) werden			20 ½ Zoll	0,48 m
Rohr kann gesenkt (plongiert) werden			23 Zoll	0,54 m

Schußgeschwindigkeiten (sehr gut geübte Mannschaft auf dem Schießstand)

Theoretisch (mit Ziehen der Maschine ohne Ansetzen)	20 Schuss/min
Praktisch (mit Ziehend der Maschine ohne Ansetzen) ca.	12 – 14 Schuss/min

Gesamtanzahl der im Hauptzeughaus vorhandenen leichten 4-Pfünder

1770	98 Stück
1805	97 Stück
1809	53 Stück

---

[50] Nach Scharnhorst/Hoyer sind die angegebenen Weiten die, die bei der sächsischen Artillerie angenommen werden und nicht in gedruckter Form vorliegen. Weiterhin vermuten sie, dass diese angegebenen Weiten sich nach dem Stand der Scheiben bestimmen und die mittleren Weiten daher um 100 – 125 Schritt (75 – 94 m) weiter anzunehmen sind.

Anlage 02   Einige Abänderungen zu der Exercise mit dem 4 pfündigen Regimentsstück

1.) Zur Bedienung 1 Unterofficier, 10 Mann

Bey Eintheilung und Posten findet sich bis incl. N. 9 nichts verändert, als daß N. 6 nunmehro zu den Vorderpferden des Protz-Wagens kommt, und solche an, und abzulegen hat, wenn damit avancirt oder retirirt werden soll; auch selbige nach dem Ab- und vor dem Aufprotzen, ab- und anspannen muß. N. 10 aber zu den Requisiten-Wagen getheilt wird.

2.) Beym Abprotzen im zweiten Tempo geht N. 6 mit dem Protzwagen 24 Schritt hinters Kanon, macht Front gegen dasselbe, spannt die beyden Riemen-Pferde ab, und begiebt sich damit rechts neben den Protzwagen. N. 9 gehet mit der Stücklade zum Protzwagen, setzt dieselbige zwischen den Protz-Munitions-Kasten, und den Protz-Nagel ein, nimmt dafür ein Schuß-Kästgen, aus gedachten Munitions-Kasten, und begiebt sich damit wie gewöhnlich 12 Schritt hinter das Kanon.

Die Ladung und Paraden

3.) Die Ladung geschiehet in allen wie sonst.

Die Parade **abgeprotzt**, ist auch wie gewöhnlich, nur bleiben N. 6, 9 und 10 auf ihren Posten.

Die Parade aufgeprotzt, ändert sich auch nicht, nur das N. 10 auf seinen Posten bleibt.

4. Das Avanciren und Retiriren geschiehet nunmehro

      a) durch die Mannschaft

      b) durch Vorlege-Wagen, und

      c) durch halb aufgeprotzt.

Bey a und c ist nichts veränderliches, bey b aber muß aufs Kommando-Wort:

Mit der Vorlege-Wage Avancieret!

oder mit einem anderen schicklichen Kommando-Wort, sogleich N. 6 mit den beyden Vorderpferden rechts am Kanon vorbey vorkommen, und in dieser Zeit schon die beyden Ketten an dieser Wage loßgemacht haben, damit selbige N. 2 und 3 sogleich mittelst der daran befindlichen Ringe, in die Avancirhaken einhängen können.

NB. Ist das Terrain sehr uneben, und man befände es nöthig, so können sich 2 und 3 mit den Sielen auch mit einhängen.

Bey

Marsch!

führt N. 6 vermittelst des Riemen oder Lenkseils die Pferde in der beschriebenen Direction des Marsches, und worinnen N. 7 und 8 auch den Schwanz des Kanons erhalten müßen.

Sowohl N. 9 mit dem Schuß-Kästgen, als der Protz-Munitions-Kasten folgen in der vorgeschriebenen Distance dem Kanon; bey

Halt!

Steht alles stille, und auf

Hängt ab!

(oder einem anderen schicklichen Kommando-Wort) müssen N. 2 und 3 die Ringe sogleich aushaken, N. 6 die Pferde wieder rechts dem Kanon vorbey, und zurück auf ihren ersten Posten führen, und während dieser Zeit die Ketten um die Wagen schlingen.

Das Retiriren. Mit der Vorlege-Wage zu retiriren.

Gehet N. 6 mit den Vorder-Pferden dergestalt vor, daß sie links einlenken. Die beyden schon loß gemachten Ketten werden von N. 7 und 8 in die Retirirhaken eingehängt.

NB. Ist es wegen üblen Terrains nothwendig, so können sich N.2 und 3 auch noch mit den Sielen einhängen.

Beym Marsch muß N. 6 vermittelst des Lenkseils, und N. 7 und 8 vermittelst dem Hebebaum die Direction des Marsche halten, auch müssen die beyden letzten Nummern zur Erleichterung des Schwanzes etwas tragen.

So wohl N. 9 mit dem Schuß-Kästgen, als der Protz-Munitions-Kasten (welche rechts umkehrt gemacht haben müssen) gehen in der vorgeschriebenen Distance voran.

Bey

Halt!

stehet alles still, und auf

Hängt ab!

müssen N. 7 und 8 aushaken, N. 6 sich wieder auf seinen Posten begeben, indem sie die Ketten dabey nicht umschlinget, und N. 9, ingleichen der Protz-Wagen sich wieder hergestellet haben.

NB. Da in Ernst die beyden Vorder-Pferde auch einen Knecht haben, so muß derselbe auf dem Sattel-Pferde sitzen bleiben, als welches zur geschwinden Ausübung weit vortheilhafter ist, und in den vorhergesagten dadurch gar nichts verändert wird.

Das halb aufgeprotzen.

5.) Bey   **Protzt auf!**

(oder dem halb aufprotzen) ist zu merken, daß, so wie die Protze anlanget, und hinter dem Schwanze links einlenket, N. 9 zuvor mit seinem Schuß-Kästgen heran zum Kanon kommt, selbiges hinsetzt, die Stücklade von der Protze wegnimmt und sie behält, bis der Schwanz aufgehoben ist, wo N. 9 alsdenn die Stücklade ordentlich einsetzt, und mit seinen Schuß-Köstgen, auf seinen Posten neben die Kanon hintritt.

Alles übrige bleibt noch wie sonst; nur muß bey dieser Gelegenheit N. 6 die beyden Pferde wieder angespannt haben. Auf:

Protzt ab!

setzt N. 9 sein Schuß-Kästgen hin, nimmt die Stücklade heraus, und setzt solche wiederum auf die Protze, zwischen den Munitions-Kasten und Protz-Nagel, weswegen dieser Wagen ein wenig anhalten muß. N. 9 mit seinem Schuß-Kästgen sowohl, als der Protzwagen begeben sich nunmehro wieder auf ihren Posten, und N. 6 besorgt endlich noch das Abspannen der Vorder-Pferde.

Die Wendungen, und das Vorbringen.

6.) Die Wendungen, sowohl als das Vorbringen von Recul leiden gar keine Änderung.

Das ganz aufprotzen.

7.) Bey   **Protzt auf, und bringet alles in Ordnung!**

im ersten Tempo, geht N. 9 nach Empfang der Patronen von N. 8 mit seinem Schuß-Kästgen zum Protz-Munitions-Kasten, setzt es ein, und nimmt davor die Stücklade wieder weg, und begiebt sich damit so gleich zum Kanon.

NB. Es muß sich N. 9 noch besonders merken, daß es seine Schuß-Kästgen selbst aus der Protze holen muß, wenn welche leer geworden, wobey ihm N. 6 so viel möglich aßistiret. Die Ergänzung auf der Protze erhält aber N. 6 von N. 10 aus dem Requisiten-Wagen, weswegen sich N. 6 mit dahin begiebt, allemal aber die Vorder-Pferde auf ihren Posten beym Kanon zurück läßt.

N. 6 spannt seine Vorder-Pferde wieder ab, und begiebt sich mit dem Protzwagen wieder zum Kanon, dergestalt, das er beym Vorfahren, von der Stelle aus, so gleich etwas rechts ausbricht, damit er jederzeit durch links einlenken hinter die Verlängerung des Schwanzes komme, woselbst vorher das Umlenken der Protzen geschehen, und dasjenige vor der Mündung wegfallen muß.

Bey dem 8pfündigen Kanon, ist das nehmliche zu beobachten, bis weitert hierüber decidiret wird.

————

Anlage 03   Ergänzungen zu Cap. IV Artillerie-Reglement von 1777[51]

In Ansehung der Placirung der Canons ist annoch zu beobachten, dass wenn ein Regiment zum chargiren formirt, marschiret, die erste halbe Division des ersten Bataillons das Canon vom rechten Flügel, die achte halbe Division des zweyten Bataillons aber das Canon vom linken Flügel dieses zweyten Bataillons decket, und folglich ersterer vor und letzterer hinter den Canonen marschiret. Mit denen übrigen in der Mitte marschirenden Canons aber verbleibet es gänzlich bey der in dem 7ten § dieser Puncte anbefohlenen Vorschrift. Gleiche Bewandniß hat es mit einer aus mehrern Regimentern bestehenden und zum Chargiren formirt marschirenden Colonne, wo ebenfalls die 1ste halbe Division derselben das Canon der Tete, und das letzte, das von der Queue der ganzen Colonne decket. Diese Bedeckung der Canons aber bleibt bey dem Marsch en Parade gänzlich weg, und wird wegen selbiger lediglich die Vorschrift des 6ten und 8ten § befolget.

Bey denen Parade Märschen tragen die Zimmerleute, welche bey der Artillerie Mannschaft das 2te Glied formiren, die Gewehre übergehangen und die Aexte scharf geschultert, wenn aber, zum Chargieren formirt marschirt wird, haben die Zimmerleute ebenfalls das Gewehr übergehängt, die Aexte aber in den Patronen Taschen.

Dresden den 28ten May 1778   von Pfeilitzer

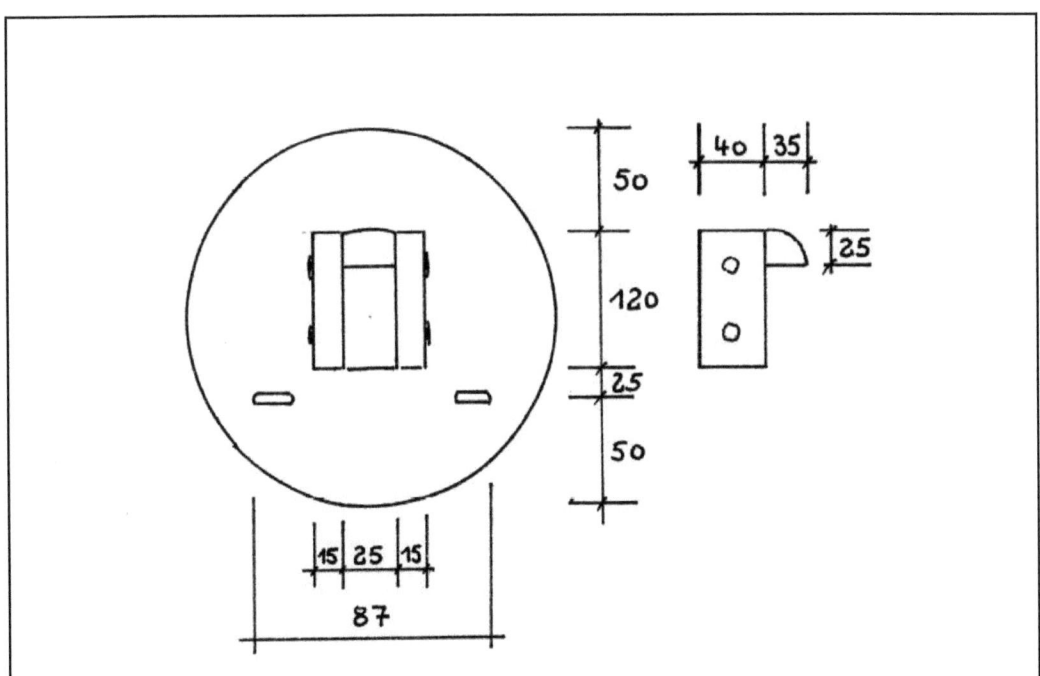

Abb. 59   Messprotokolll Rohr No. 37 hier die Metallappen, die stählerne Nase und die Ösen für die Maschinenleinen

---

[51] Pfeilitzer (gen. Frank; Generalmajor und Kommandant von Dresden-Neustadt) hatte 1778 für die Infanterie Punkte zum Umgang mit der beigegeben Artillerie erlassen, welche – bis auf die hier aufgeführten – dem Cap. IV des Artillerie-Reglements von 1777 entsprachen.

Anlage 04   **Gewicht der neu gegossenen, gebohrten, abgedrehten und verschnittenen Rohre inkl. eiserner Nase**

Der 4-Pfünder soll wiegen 6 Zentner, bestehend aus jeweils 3 Zentner neue und alte Legierung. Kosten für die neue Legierung 31 Tlr. 9 Gr., das Gießen 5 Tlr. 16 Gr. 6 Pf. je Zentner. Die Gesamtkosten für 98 Stück betragen 12.576 Tlr. 12 Gr.

No.	Zntr.	Pfund	Loth	kg	No.	Zntr.	Pfund	Loth	kg	No.	Zntr.	Pfund	Loth	kg
1	6	12	9	314,1	34	5	97	16	303,7	67	5	94	0	302,2
2	5	105	24	307,5	35	5	94	8	302,2	68	5	94	0	302,2
3	5	107	0	308,5	36	5	96	0	303,2	69	5	105	0	307,5
4	5	105	0	307,5	37	5	101	16	305,6	70	5	103	0	306,6
5	5	105	0	307,5	38	5	104	0	307,1	71	6	4	10	310,3
6	6	0	0	308,4	39	5	108	24	309,0	72	5	84	16	297,4
7	6	0	16	308,4	40	5	105	0	307,5	73	5	97	0	303,7
8	5	108	16	309,0	41	6	2	0	309,3	74	5	103	0	306,6
9	5	102	16	306,1	42	5	102	0	306,1	75	5	98	0	304,2
10	5	105	0	307,5	43	5	106	24	308,0	76	5	100	24	305,1
11	5	101	16	305,6	44	5	102	0	306,1	77	5	104	8	307,1
12	5	105	0	307,5	45	5	106	24	308,0	78	5	105	0	307,5
13	5	106	24	308,0	46	5	102	0	306,1	79	5	101	0	305,6
14	5	107	16	308,5	47	5	96	0	303,2	80	5	101	0	305,6
15	5	108	0	309,0	48	5	107	0	308,5	81	5	82	16	296,5
16	5	106	8	308,0	49	5	93	0	301,8	82	6	0	8	308,4
17	5	77	16	294,1	50	5	104	16	307,1	83	5	100	16	305,1
18	5	102	16	306,1	51	5	102	0	306,1	84	5	95	0	302,7
19	5	94	0	302,2	52	5	91	0	300,8	85	5	101	8	305,6
20	5	107	16	308,5	53	5	98	0	304,2	86	5	93	0	301,8
21	5	78	16	294,5	54	5	101	16	305,6	87	5	96	0	303,2
22	5	103	0	306,6	55	5	100	16	305,1	88	5	91	24	300,8
23	5	102	16	306,1	56	5	103	16	306,6	89	5	96	16	303,2
24	5	93	16	301,8	57	5	95	16	302,7	90	5	97	16	303,7
25	5	84	16	297,4	58	5	109	16	309,5	91	5	102	24	306,1
26	5	91	16	300,8	59	5	96	16	303,2	92	5	107	0	308,5
27	5	92	16	301,3	60	5	100	16	305,1	93	5	106	0	308,0
28	5	109	0	309,5	61	5	96	0	303,2	94	6	3	0	309,8
29	5	88	16	299,4	62	5	99	0	304,7	95	5	105	16	307,5
30	5	99	0	304,7	63	5	105	0	307,5	96	5	107	24	308,5
31	5	104	16	307,1	64	5	100	16	305,1	97	5	101	0	305,6
32	5	108	0	309,0	65	5	89	16	299,8	98	5	104	16	307,1
33	5	99	0	304,7	66	5	93	0	301,8					

Alle 98 4pfd. Stücke sind probiert, visitiert und beschossen worden.

Jedes der Stücke wurde mit   1/3 (= 1 Pfund 10 2(3 Loth),
                        1/2 (= 2 Pfund) und
                        2/3 (= 2 Pfund 21 1/3 Loth) kugelschwerer Ladung
scharf mit den zugehörigen eisernen Kugeln hurtig hintereinander beschossen und dann die Wasserprobe damit gemacht.

Anlage 05   **Liste der Arbeiten und des Materials für eine 4pfündige Kanonen-Lafette (Auswurf 1768)**

Zeug-Tischler:

- die Lafette auszuarbeiten, Posten und Riegelholz gibt das Hauptzeughaus
- eine neue Stücklade mit gewölbtem Deckel, Holz kommt vom Tischler
- die Maschine und das Eisenwerk in die Lafette einzulassen

Zeug-Wagner

- zwei neue Lafettenräder zu fertigen, Holz gibt das Hauptzeughaus
- die Achse auszuarbeiten
- sämtliche Bolzenlöcher in die Lafette zu bohren, die Achse einzulassen und einzuschneiden

Zeug-Schmied

- die 2 neuen Räder und die Achse zu beschlagen, als im Einzelnen
- die 12 Schienen zu lochen und auf die Räder aufzubrennen
- 96 Radenägel zu machen und einzuschlagen
- 8 Nabenringe zu schmieden und anzulegen
- 4 Buchsen zu schmieden und einzuschlagen
- 2 Stoßscheiben auszuschneiden
- 2 Hakenscheiben auszuschneiden
- 2 neue Deckzieher zu fertigen
- 2 neue Vorsteckzieher zu fertigen
- 1 neue Achse mit 8 geschmiedeten Achsblechen zu beschlagen
- 2 neue Binderinge zu schneiden und anzulegen
- 2 Kotbleche mit Stiften zu fertigen und solche auf Achse aufziehen

an Eisen hierzu

- 12 Stück 7linge Radeschienen
- 1 ½ Wooge Flachstabeisen zu Vorsteckziehern, Stoßringe an die Achse
- ½ Wooge Geviert-Stabeisen zu 96 Radenägeln
- ½ Wooge Achsblecheisen
- Suhler Blech zu 2 Deckziehern und 2 Kotblechen

das Roheisen zur Beschlagung besteht in:

- 2 Pfannen-Stücken
- 2 Pfannen-Deckeln
- 2 Achseinbindeeisen
- 2 lange Umbiegeschienen, hinten herum
- 10 Seitenbleche
- 4 Pfannendeckel-Bolzen
- 10 breitköpfige Bolzen
- 2 Avancier-Haken
- 1 Ruh-Riegel

- 2 Trageringeisen am Schwanz
- 1 doppeltes Schwanzriegel-Blech
- 1 Schraubenschlüssel

Zeug-Schlosser

- 206 rundköpfige Lafetten-Nägel, Eisen gibt das Hauptzeughaus
- Schlosserarbeit, wozu der Schlosser das Eisen gibt, im Einzelnen:
- 2 große Avancier-Stangen mit 4 großen und 2 kleinen Bolzenschrauben
- 2 kleine Avancier-Ringe mit Bolzenschrauben, 2 Ketteln und 2 Vorsteckern
- 2 Anstoßbleche
- 4 Haken, worauf die Stücklade ruht
- 1 Wirbel oder Protzring mit 1 Bolzen
- 1 Sattel oder Bügel, worauf der Hebebaum ruht
- 8 Globen oder Haspen zum Ladezeugriemen
- 1 neue Kette 1 Elle 3 Zoll am Ruhriegel nebst Wirbel und Globen
- 1 Vorstecker für den Ruhriegel samt Kette und Globen
- 2 Einsteckeisen zum Ruhriegel, jedes mit 2 Schrauben befestigt
- 1 Haken, vorne am Stirnriegel, nebst kurzen Gliedern auch Band und Nagel
- 1 Fußtritteisen, worauf der Mann beim Hochziehen der Maschine tritt
- 1 eiserne Nase hinten am Kanon, solche einzupassen und mit 2 Nieten festzumachen
- 2 eiserne Schrauben, solche hinten ins Kanon einzuschrauben, wodurch die Zugleinen gehen
- die neue Stücklade mit gewölbtem Deckel komplett zu beschlagen
- die ganze neue Maschine mit allem Zubehör zum Einfallen, mit eisernen Seitenblättern, Messing-Rollen, Globen, hinten mit Messing-Bedeckung, starkeisernen Gestell, mit Schrauben-Bolzen, starken Wellen, mit der Schraube ohne Ende, einem Kronen-Rad nebst einliegenden Trieb, Korb und Mutter, oben und unten, hinten einen langen Kammbogen mit 30[52] Zähnen, damit hoch und tief zu richten, einer blechernen Kappe mit 4 Globen und 2 Vorsteckern.

Zeug-Sattler

- die Stücklade mit schwarzen Leder zu beschlagen, solche auch innewendig mit Leinwand anzuleimen
- 4 starke Ladezeug-Riemen mit Schnallen
- 1 Mundpfropf-Riemen mit Schnallen
- 1 rindslederne Stückkappe über die Maschine
- 4 Deckriem-Gürtel mit Schnallen
- 1 Kissen auf die Achse zum Einfallen des Kanons

---

[52] Die Zeichnungen im Rouvroy und das Original in St. Petersburg geben/haben nur 25 Zähne.

- 1 lederner Kühleimer

Darüber hinaus

- die ganze Lafette samt Rädern, schwarz und gelb anzustreichen
- 1 Paar Maschinenleinen, so also gleich eingezogen werden
- 1 blechernes Schlüsselzeichen zur Stücklade

Eine **komplette beschlagene Lafette** nebst Protzwagen[53], Maschine, Ladezeug, Stücklade etc. kostet $\qquad$ 231 Tl. 20 Gr. 7 Pfennige

Hierzu kamen in der Stücklade noch

1 pr. vorrätige Maschinenleinen	4	
1 pr. Avancier-Sielen m. Leinen u. Ringen	2	
1 Durchschlag mit hölzernem Heft	4	
1 Beißzange	4	6
1 Schraubenzieher m. hölzernem Heft	3	
1 doppelter Schraubenschlüssel	12	
1 2spän. komplettes Fuhrgeschirr	17	

Gesamtkosten für eine komplette Lafette $\qquad$ **252 Taler** $\qquad$ **1 Pfennig**

Anlage 06 **Ausrüstungs- und Laderegister für einen leichten 4-Pfünder vom 09.03.1809**

1 leichter 4-Pfünder auf beschlagener Protze mit Richtungsmaschinen und sämtlichen Zubehör, wobei:

1 Wischer mit Setzer und Stange	1 Lumpenzieher mit Stange
1 Richtbaum	1 Vorbringebaum
1 Handspeiche	1 Mundpfropf
1 Maschinenkappe	1 Luntenverberger

Dazu **1 beschlagene Stücklade** mit Schloß und Schlüssel, darinnen

1 doppelter Schraubenschlüssel	1 Kreuzschraubenzieher
1 Beißzange	1 Durchstecher
1 Notschraube	1 Vogelzunge
1 Durchschlagbrändchentasche	1 Anzündebrändchenfutteral
1 metallener Kanonenaufsatz im Futteral	1 Nagel zum Stück vernageln
(auf 2 Kanonen) 1 Wirbelring mit Bolzen und Mutter	1 Scheerring
1 paar eiserne Doppel-S-Haken	2 paar Avanciersiele
1 paar Maschinenleinen	

---

[53] Im anfänglichen Ausrüstungsentwurf war der Protze noch ohne Protzkasten.

Dazu **1 beschlagene Protze** mit Stangen- und Vorlegewaagen mit Ketten, wobei 1 Stück 24elliges Ziehtau

In den <u>Protzkasten</u> sind geladen

40 Stück 4pfd. Kugelschuß à $^7/_4$ Pfund in 4 Stück 4pfd. Kugelschußkasten à 10 Schuß

10 Stück 4pfd. Kartätschschuß à $^7/_4$ Pfund in 2 Stück Kartätschschußkasten à 5 Schuß

60 Stück kurze Durchschlagbrändchen

25 Stück Anzündebrändchen

10 Pfund Lunte

Dazu **1 Stück 4pfd. Munitions- und Requisitenwagen** mit dazugehörigen Stangen-Vorlegewaagen und sämtlichen Zubehör, wobei

1 Wagenaxt	1 Faschinenbeil
1 Radehaue	1 Spitzhaue
2 eiserne Schaufeln	1 Hemmschuh
1 Teermaste	1 Schmierpinsel
1 Blendlaterne	1 Pferdetränkeimer
(auf 2 Kanonen) 1 Kanonenprotznagel	2 Schloßnägel mit 4eckigen Köpfen

1 beschlagenes Rad (entweder Lafetten- oder Protzrad)

1 beschlagene Achse (entweder Lafetten- oder Protzachse)

1 Kette zu halben Achsen

½ Zentner Wagenteer in 1 Wagenteerfaß

Auf den Wagen sind geladen <u>an Munition</u>

80 Stück 4pfd. Kugelschuß à $^7/_4$ Pfund in 8 Stück 4pfd. Kugelschußkasten à 10 Schuß

20 Stück 4pfd. Kartätschschuß à $^7/_4$ Pfund in 4 Stück Kartätschschußkasten à 5 Schuß

120 Stück kurze Durschlagbrändchen

50 Stück Anzündebrändchen

¼ Zentner Lunte

Auf den Wagen sind geladen <u>an Requisten</u>

1 beschlagene Stangenwaage oder Vorlegewaage

1 Dresdner Maßviertel oder 1 Mäßchen oder 1 Metze

(auf 2 Kanonen) 1 vierspännige Wagenwinde

60 Hufeisen	1 Futtersack
600 Hufnägel	10 Radenägel
6 paar 4ellige Zugstränge	6 paar 8ellige Zugstränge
6 paar 18ellige Fouragierleinen	¼ Bund Bindestränge

8 Futtersäcke	23 Pferdefreßbeutel
1 Sensenwurf	1 Sensenring
1 Sensenknilch	1 Sensenklinge
1 Dengelstöckchen	1 Ambößchen
1 Dengelhammer	1 Häckselbank
1 Futterklinge	2 Wetzsteine
1 50ellige Campierleine	6 Campierpfähle
1 Campierschlägel	1 kupferner Feldkessel
1 kupferne Kasserole	1 eiserner Kasserolenhenkel
2 Zeltbeile	2/3 Pfund Lichte
2 Pferdestriegel	2 Pferdekartätschen
2 Pferdekämme	2 Futterschwinge
Deckleim	

Auf 6 Kanonen wurden im Park mitgeführt

1 beschlagene ganze Lafettenachse	1 beschlagene ganze Protzachse
1 ordinäre beschlagene ganze und	1 ord. beschlagene halbe Wagenachse
2 StückKetten zu halben Achsen	und 2 Kanonenwischer m. Setzer u. Stange
1 beschlagene Stemmleiste	1 beschlagene Querleiste
2 ordinäre Schloßnägel	
½ Zentner Wagenteer	1 Stck. ½ Zentner Wagenteerfaß
1 lederner Beschlagbeutel worinnen	
1 Werchmesser mit 3 Schneiden	1 Hufzange
1 Hufhammer	1 Hufraspel
1 Nieteisen	1 Haueisen

Anlage 07   Reglementsmäßige Ausstattung in den Protzkästen nach dem Reglement 1811

4 Avanciersiele (2 lange und 2 kurze)

1 Anzündebrändchenfutteral	mit den nötigen
1 Durchschlagebrändchentasche	Brändchen
2 Durchstecher	1 lederner Daumen
1 doppelter Schraubenschlüssel	1 Kreuzschraubenzieher
1 Beißzange	1 Vogelzunge
1 Notschraube	1 paar eiserne SS
Vorräthige Bindestränge	

Überdies 2 lederne Tornister, von denen No. 4 den kleinen, No. 5 den etwas größeren erhält.

Anm.: Es steht zu vermuten, dass zum Munitionstransport vom Wagen zur Protze anstatt des Tornisters die Schusskästen (die für Protze und Munitionswagen identisch waren) genutzt wurden. Auch werden die genannten Requisiten in der Stücklade aufbewahrt worden sein, da im Protzkasten (sh. auch Abb. 48) hierfür der Platz nicht vorhanden war.

––––––––––

Anlage 08   Verzeichnis der in den Regimentern die Regimentsgeschütze befehligenden Offiziere im Feldzug von 1806

Regiment	Churfürst	Prem.ltn.	Hiller	(7te Comp.)
	Maximilian	Sousltn.	Raabe	(9te)
	Friedrich August		Tschökel	(11te)
	Xavier		Brause	(1ste)
	Clemens		Essenius	(7te)
	Rechten		Bose	(4te)
	Niesemeuschel		Sonntag	(7te)
	Low		Zanthier	(11te)
	Thümmel		Leonhardi	(3te)
	Bevilaqua (1stes Btl.)	Stückjunker	Wehlmann	(2te)
Grenad.-Btl.	a.d. Winckel	Sousltn.	Dietrich I	(12te)
	Thiollaz		Silber	(8te)
	Hundt		Knauth	(4te)
	Metzsch		Blaßmann	(9te)
	Lecoq	Stückjunker	Haußmann	(12te)
	Lichtenhayn		Günther	(9te)

––––––––––

Anlage 09   Verzeichnis der in den Regimentern die Regimentsgeschütze befehligenden Offiziere im Feldzug von 1812

Regiment	König	Prem.ltn.	Kayser	(8te Comp.)
	Niesemeuschel	Sousltn.	Glowacky	(8te)
	Anton	Prem.ltn.	Jenzsch	(4te)
	Friedrich August	Sousltn.	Plesch	(4te)
	Clemens		Schmidt	(12te)

––––––––––

Anlage 10   **Stärke der Artilleriedetachements zum 30.04.1812**

Regiment	Anton	Friedrich	Clemens	König	Niesemeuschel
Artillerie					
Premierleutnant	1			1	
Sousleutnant		1	1		1
Feuerwerker			2	1	1
Korporals	4	1	1	3	1
Oberkanoniere	5	9	7	7	4
Unterkanoniere	35	34	34	33	37
Summe	45	45	45	45	44
Train					
Korporals	2	2	2	2	2
Trainsoldaten	16	16	16	16	16
Summe	18	18	18	18	18
Pferde	34	34	34	34	34

Anlage 11   **Geschütze, welche nachweisbar 1806 nicht verloren gingen**

No.	nachgewiesen	No.	nachgewiesen	No.	nachgewiesen
1	1813, 14.Transport	22	1813, Neustadt	87	1813, 7.Transport
2	1813, 14.Transport	24	1813, 7.Transport	88	1813, 7.Transport
3	1813, 14.Transport	26	1812, Kriegsverlust	89	1813, 7.Transport
4	1813, 14.Transport	27	1812, Kriegsverlust	91	1813, 7.Transport
5	1813, Neustadt	28	1812, Kriegsverlust	92	1809, 2.Batterie
7	1808, Grenzsich.	30	1812, Kriegsverlust	93	1813, 7.Transport
8	1808, Grenzsich.	32	1813, 7.Transport	94	1809, 3.Batterie
9	1808, Grenzsich.	35	1812, Kriegsverlust	95	1812, Kriegsverlust
10	1813, Neustadt	37	1812, Kriegsverlust	96	1809, 3.Batterie
13	1812, Kriegsverlust	65	1813, 14.Transport	97	1813, 14.Transport
16	1809, 3.Batterie	73	1813, 7.Transport	98	1812, Kriegsverlust
18	1813, Neustadt	78	1813, 7.Transport		

Die grau unterlegten Nummern sind nach 1806 mehrfach nachzuweisen. Angegeben wird hier nur das am Weitesten von 1806 entfernte Jahr.

**In dieser Reihe sind an Heften mit Artilleriebezug
bisher erschienen bzw. *in Vorbereitung*:**

No. 2   Die Berichte der sächs. Truppen aus dem Feldzug 1806 (I)

No. 5   Das Artillerie-Trainbataillon 1810 – 1813

No. 6   Das Regiment Artillerie zu Fuß, die reitende   Artillerie-Brigade und die Handwerker-Kompanie 1810 - 1813

No. 7   Die Regimentsartillerie 1806 - 1815

No. 8   Die Geschichte der reitenden Artillerie 1810 - 1813

No. 9   Das Artilleriefuhrwesen 1806 – 1809

No.10   Das Feldartillerie-Korps 1806 – 1809

No.12   Die Geschichte der reitenden Artillerie 1802 - 1809

No.13   Das sächsische Ingenieur- und Pionierkorps 1810 – 1813

No.14   Die Belagerungs- und Defensionsartillerie 1806 – 1813

No.19   1812 – Die Sachsen in Rußland / Der Feldzug in den Tagesbefehlen des Generalstabes und der Intendanz – Ein Beitrag zur inneren Truppengeschichte

No.21   Das Tagebuch von Ernst Ferdinand Aster aus dem Jahre 1812

No.22   Das Tagebuch von Friedrich Ernst Aster aus dem Jahre 1812

No. 35 Die Berichte der sächs. Truppen aus dem Feldzug 1806 (IV)

No. 38 Reglements für die Kurfürstlich Sächs. Artillerie aus den Jahren 1767 und 1777

No. 41 Friedrich Gottlieb Probsthayn – Das Tagebuch vom 14.05.1813 – 29.09.1814

Abb. 60   Delphine Rohr No. 37